手っ取り早くウマい酒が飲みたい!!

ビールめし

一般男性

JN039146

KADOKAWA

はじめに
Introduction

合言葉は
「　ウマすぎて、
〝ウマ〟になったわっ!」

とっくん

九州在住のごくごくふつうの一般男性。趣味で投稿を続けていたアニメや映画のキャラクターの声真似をしながら料理する動画が話題となり、4カ月という驚異のスピードでYouTubeの登録者・50万人を突破! ざっくりとした手順紹介が真似しやすく、おつまみとビールで「優勝する」というキャッチフレーズもファンの間で話題となり、優勝プレイヤーが全国に続出中!

このたびは本書をご購入いただき、ありがとうございます。

はじめましての方、お初にお目にかかります。普段は YouTube にて、お料理の動画を投稿している「とっくん」と申します。普段 YouTube で動画をご覧いただいているみなさん、いつもありがとうございます。

このたび、以前よりみなさんからご要望のあった、レシピ本を出版することになりました。

当初は、調理経験の一切ない完全素人の自身のレシピを書籍化することなど想像もつきませんでしたが、こうして形にすることができたのは、ひとえにみなさんの応援のおかげです。本書のコンセプトは私が投稿している動画と同じで「なぜか真似したくなる料理」です。私のような一般男性でも作れるレシピなので、きっと誰でも簡単に作れると思います。

もうひとつのコンセプトは、動画内でもたびたび言っている「ビールで優勝」です。ビールとおいしい料理を食べることで、まるで何かに優勝したかのような高揚感を味わってください。

また、初心者入門のようなレシピ本であると同時に、普段お料理をされる方やお酒を飲む方も「その手があったか！」と思っていただけるような、アレンジ要素も盛り込んでいるつもりです。ぜひ最後までお楽しみください。

とっくんの SNS をチェック!

この本のもとになった
料理動画は
こちらから!!

＼ まずは基本の ／
YouTube をチェック!

YouTube

とっくんの YouTube チャンネル

https://www.youtube.com/channel/UCbbdPm3A4N4wDf-gsGzOKuQ

チャンネル登録者 50 万人超えの大人気チャンネル。料理動画の配信のほか、宅飲みの生放送なども行っている。見やすさは No.1。まずはここからチェック!

2020 年 7 月時点の情報です。インターネット情報については URL や画面などが予告なく変更される場合があります。あらかじめご了承ください。

004

Twitter

とっくん 27 歳

@Kuntotu

Twitter でも料理動画を配信。趣味のゲームや音楽活動に関する Tweet も多数。ただし、深夜の飯テロには要注意！

ニコニコ動画

とっくん 27 歳

https://www.nicovideo.jp/
user/74122656

ゴロゴロベーコンの

ニコニコ動画でも料理動画を配信中。優勝感を楽しんだり、一緒に優勝気分が味わえるのはニコニコ動画ならでは。

Instagram

kuntotu

https://www.instagram.com/
kuntotu/

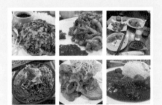

料理の完成画像が一度に見られるほか、とっくんのグルメ生活を垣間見ることも！作りたい料理を探すのにも便利。

これからも
配信を続けるので
どうぞよろしく！

BEERMESHI Index

002 　はじめに

004 　とっくんのSNSをチェック！

010 　この本の使い方

Part.1

ビールで優勝！ おてがる編

012 　揚げないフライドポテト

014 　やみつきキャベツ

016 　叩ききゅうり

018 　冷凍餃子

020 　自家製サルサソースのナチョス

022 　かぼちゃの素揚げのにんにくじゃこ和え

024 　ゴロゴロベーコンのハニーマスタード

026 　ステーキ

028 　ジンギスカン

030 　ハツ焼き

032 　ワニ肉のソテー

034 　サバ水煮缶のしょうが炒め

036 　味玉

038 　モツ鍋

040 　豚キムチミルフィーユ鍋

042 　連日連夜の優勝を目指せ！　とっくんのお料理講座❶

　　　そろえておきたい調理道具

044	ジャーマンポテト
046	タンドリーチキン
048	ガーリックシュリンプ
050	焼きワンタン
052	皮なし大葉餃子
054	モツ煮込み
056	鶏むね肉のチャーシュー
058	エビチリ
060	青椒肉絲 チンジャオロースー
062	麻婆豆腐 マーボードウフ
064	回鍋肉 ホイコーロー
066	カレーのルー
068	牛皿
070	肉じゃが
072	豚挽き肉のしそ焼き
074	牛テールスープ
076	焼きそば
078	タコライス
080	連日連夜の優勝を目指せ！ とっくんのお料理講座❷ そろえておきたい調味料

Part.2

ビールで優勝！ がんばろう編

Beermeshi Index

Part.3

ビールが進んで、おかわり必須！

082 から揚げ

084 明太だし巻き卵

086 つくねの焼き鳥

088 デパ地下風ポテサラ

090 ハンバーグ

092 豚の角煮

094 砂肝炒め

096 豚ブロック肉のチャーシュー

098 ローストビーフ

100 よだれ鶏

102 手羽元の煮込み

104 すき焼き

106 連日連夜の優勝を目指せ！ とっくんのお料理講座❸
目分量調理のススメ

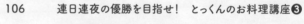

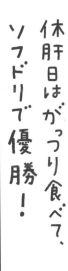

108	煮豚
110	手作りハンバーガー
112	チキン南蛮
114	タンシチュー
116	ピーマンの肉詰め
118	豚のしょうが焼き
120	豚キムチ
122	サーモンのホイル焼き
124	照り焼きチキン
126	牛タンのねぎ塩焼き
128	炒飯　チャーハン
130	シーフードドリア
132	焼きカレー

味噌汁５選

134	つみれの味噌汁
136	エビの味噌汁／なめこの味噌汁
137	大根の味噌汁／サバ缶の味噌汁

| 139 | 連日連夜の優勝を目指せ！　とっくんのお料理講座❹ |
| | とっくんの冷蔵庫拝見！ |

Part.4

休肝日はがっつり食べて、ソフドリで優勝！

この本の使い方

本書では、SNS でとっくんが配信している料理動画をもとに、
材料の目安や詳しい作り方を紹介しています。
好きな料理を選んで、好きな飲み物で優勝を目指してください！

❶ とっくんの食レポ

料理の味や味変についてなど、とっくんの食レポを紹介しています。

❷ OP

動画配信でおなじみのワンポイント「OP」をこちらで紹介。調理に役立つアドバイスがありがたい！

❸ 材料

1 人分の料理の素材や調味料の分量を、目安として紹介しています。ただ、食べたいものを好みの味つけで、食べたいだけ食べられるのが、自炊の醍醐味。自由にアレンジして楽しんでください。

❹ 作り方

ざっくりとした作り方が魅力のとっくんの料理動画ですが、もうちょっと詳しく知りたい方のために、細かく紹介。わからないところ、知りたいところだけをチェックしてみてください。

❺ プロセス画像

料理本らしく、作り方のポイントになるプロセスの画像をご紹介しています。

❻ オススメビール＆ソフドリ

優勝の友になる、オススメのビールを紹介。Part.4 ではソフトドリンクを紹介！

※小さじ1は 5ml、大さじ1は 15ml、1 カップは 200ml です。

ビールで優勝！

おてがる編

手っ取り早く、ウマいつまみを作って
ウマすぎるビールを飲みたい！
家でちょっと飲みたいなと思ったときは
ちゃちゃっとつまみを作って優勝!!

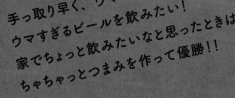

BEERMESHI

Part.1

こんな簡単で
いいんですか？
いいんです！

揚げないフライドポテト

01

友だちとファストフード食べにいって
余ったポテト全部食べるやついるじゃないですか…。
あれ、僕です。
ビールとは最高に相性がいいですよね。

🍴材料

じゃがいも	2個
薄力粉	大さじ2
サラダ油	適量
塩	適量
チリパウダー	適量

1 じゃがいもは芽を除いて皮のままスティック状に切り、しばらく水にさらす。

2 1の水気をきって耐熱容器に入れ、ラップをかけて電子レンジ（500W）で3分ほど加熱する。

3 2に薄力粉をまぶす。

4 フライパンを火にかけ、油を1cm高さくらいひいて3を焼く。じゃがいもに火が通ったら、塩とチリパウダーを振って器に盛る。

レンチンしたじゃがいも
めちゃくちゃ
熱いです（戒め）

塩やチリパウダーの量は
味見で確認してお好みで！
味見しすぎに気をつけて！！

飲んだら
食べたくなるし
食べたら
飲みたくなるわ…

オススメビール

銀色のヤツ!!

やみつきキャベツ

食欲無限大！

02

飾らない味つけの中に
本当のおいしさがあるんですよね…。
人間も食べ物も同じですね…。

 OP

芯の部分は薄切りにしましょうね

🍴 材料

キャベツ ························· 1/8 個
塩昆布 ························· 大さじ 1
ごま油 ························· 大さじ 1

1 キャベツはざく切りにして洗い、よく
  水気をきる。
2 器に 1 を盛り、塩昆布とごま油を
  加えて和える。

キャベツは
食べたいだけ
切ってね

切って混ぜる
だけだから簡単〜

残り少なくなって器の底で
ごま油に浸ってるキャベツ
…最高です…

オススメビール

一番のヤツ!!

ごま油でカロリーと
おいしさをプラス♡

叩ききゅうり

03

叩ききゅうり、
いざお店で頼むとみんなとシェアして
結局物足りない…。
ならば自分で作りましょう！

食べる直前まで
冷蔵庫でキンキンに
冷やしておきましょうねぇ

🍴 材料

きゅうり	1本
塩	少々
ごま油	大さじ1
カツオ節	適量

まな板の上で
ゴロゴロ板ずりよ

1 きゅうりの表面のイボを包丁で軽く
　こすって取り除き、ヘタを切り落とす。

2 まな板に塩を振ってその上できゅう
　りをゴロゴロと前後に転がして板ず
　りをする。

3 2をキッチンペーパーに包み、めん
　棒などで叩く。

4 3を器に盛り、ごま油をかけてカツ
　オ節をのせる。好みで冷蔵庫で冷
　やしてもよい。

右左右右♪
左右左左♪で
叩いてね♡

ウマすぎて
ウマになったわ…

オススメビール

一番のヤツ!!

飲み足りないし
食べ足りない…
そんな夜は…！
コレッ!!

冷凍餃子

04

ゆずこしょうの国、福岡では、
餃子を食べるときもゆずこしょうは必須。
あとは、ブラックペッパーとお酢で食べるのもオススメ。
なにかのバグじゃないかって思うくらい、
さっぱりしておいしい！
さらに、ラー油を垂らしたり、
しょうゆをプラスして味変してもいいですよ。

 材料

冷凍餃子	1袋（18個）
サラダ油	大さじ1

A

しょうゆ	適量
酢	適量
ラー油	適量
ゆずこしょう	適量
ブラックペッパー	適量

1 フライパンに冷凍餃子を並べて火にかけ、ふたをして蒸し焼きにする。

2 蒸し焼きにしたあと、ふたを取って焼き目をつける。

3 フライパンの火を止めたら、餃子に皿をかぶせてひっくり返し、皿に移す。**A**の調味料をお好みで組み合わせて食べる。

蒸し焼きが終わったら
ふたを外して
焼き目をつけていくのォ

火加減は中火と弱火を上手に使うこと！

ちょうどいいお皿を
フライパンの上にのせるわ…？
緊張の一瞬ね…？

おいしすぎワロタ
おいしすぎて
百番搾りくらい
あるわね

オススメビール

一番のヤツ！！

え、こんなオシャレなのも家で食べていいんですか!?

自家製サルサソースのナチョス

05

映画館でしか
食べることができなかった
ナチョスを自宅で!
ナチョスを食べれば食べるほど、
ビールが飲みたくなり…
ビールを飲めば飲むほど、
ナチョスが食べたくなる…!!

サルサソースは作りおきにも最適
朝、トーストにのっけてもいいし
夕飯のおかずにかけてもいいわよ

🍴 材料

玉ねぎ	1/2 個
トマト	1 個
ピーマン	1 個
ピクルス	2 ～ 3 本
塩	適 量
ケチャップ	大さじ 2
チリパウダー	適 量
トルティーヤ・チップス	食べたいだけ
ドライパセリ（市販品）	適 量

かき混ぜるときは
切るようにサックリ
といった感じでね

1 玉ねぎ、トマト、ピーマン、ピクルス
  をみじん切りにし、ボウルに入れる。

2 1に塩を適量振り、よくかき混ぜる。

3 2にケチャップ、チリパウダーを加
  えてさらにかき混ぜ、器に盛ってト
  ルティーヤ・チップスを添え、ドライ
  パセリをかける。

野菜の水分はしっかりきって
シャパシャパに
ならないようにね

乾いた喉に
流し込んでいくわ

オススメビール

一番のヤツもいいけど…
メキシコのヤツ!!

これぞ最強の組み合わせ！

かぼちゃの素揚げのにんにくじゃこ和え

06

味の濃いお肉さえあれば、
簡単にビールで優勝できると思っている人に、
ぜひ試してもらいたい一品。
ホクホクの甘いかぼちゃにサクサクの
じゃこの塩味、そしてビール！
涙が出るほどのおいしさ！！

じゃこはこれでもかってくらい
ぶっかけましょう
余ったらご飯のお供にしちゃいましょう

🍴 材料

かぼちゃ（小）	………	1個
にんにく	………	1片
じゃこ	………	50g
バター	………	適量
塩	………	適量
揚げ油	………	適量

1 かぼちゃは半分に切って種をスプーンで取り、薄切りにする。

2 鍋に揚げ油を入れて170℃に熱し、かぼちゃを素揚げにする。浮き上がってきたらキッチンペーパーを敷いた皿に取り出す。

3 にんにくはつぶしてみじん切りにする。

4 フライパンにバターと3を入れて火にかけ、じゃこを加える。

5 4に塩を加え、フライパンがパチパチ音を立てはじめて1〜2分たったら火を止める。

6 2のかぼちゃを器に並べ、5のじゃこを振りかける。

かぼちゃを
揚げている間に
にんにくをつぶして
みじん切りにするのよ

幾何学模様を
イメージして盛りつけね

ウマすぎ〜♪
かぼちゃ〜♪

オススメビール

一番のヤツ！！

動画を撮り忘れるくらいのおいしさ！

ゴロゴロベーコンのハニーマスタード

07

しょっぱいものを食べたら
甘いものが食べたくなるアレ。
この料理なら、
すぐに解決しちゃいます！

ハニーマスタードは冷蔵庫で
3日ほど保存できるから
大量に作っておけば、ベーコンを焼くだけで
いつでも優勝できるようになるわよ

🍴 材料

ベーコン（かたまり）	200g
A	
しょうゆ	大さじ1
マスタード	大さじ2
ハチミツ	大さじ2
マヨネーズ	大さじ2
ブラックペッパー	適宜
ドライパセリ（市販品）	適宜

1 ベーコンは角切りにする。

2 ボウルにAを混ぜ合わせ、ハニーマスタードを作る。

3 フライパンを熱し、油をひかずに1のベーコンを焼く。

4 ベーコンに火が通ったら火を止め、そのままあら熱をとる。

5 4のフライパンが落ち着いたら、2のハニーマスタードをフライパンに加え、弱火で火を入れてベーコンとからめる。

6 全体がなじんだら火を止め、小皿に盛りつけて完成。お好みでブラックペッパーやドライパセリを散らす。

ベーコンは火を入れたら
小さくなるから
もう少し大きく切っても
いいかもしれないわね

ベーコンがしょっぱいから
ハニーマスタードは
味見してちょっと甘いかな〜？
くらいがちょうどいいわね

予想以上に
止まりません
止まらなすぎワロタ

オススメビール
PREMIUM
BEER
生ビール
お酒
麦芽100%使用

一番のヤツもいいけど…
金色のヤツ!!

肉×酒＝幸せ

ステーキ

08

子どものころ、ステーキいっぱい食べたい！って
夢見てましたよね。
自炊ならその夢を現実にすることが可能！
バターをのせて、カロリーの暴力に身をまかせ、
相性抜群のビールとともに味わってください。

 材料

牛肉（ステーキ用）‥‥‥‥‥‥ 食べたいだけ
塩、こしょう‥‥‥‥‥‥‥‥‥ 各少々
玉ねぎ‥‥‥‥‥‥‥‥‥‥‥‥ 1/2 個
にんにく‥‥‥‥‥‥‥‥‥‥‥ 1 片

A
| しょうゆ‥‥‥‥‥‥‥‥ 大さじ 2
| みりん‥‥‥‥‥‥‥‥‥ 大さじ 2
| 料理酒‥‥‥‥‥‥‥‥‥ 大さじ 2
| 砂糖‥‥‥‥‥‥‥‥‥‥ 大さじ 1

バター‥‥‥‥‥‥‥‥‥‥‥‥ 適量
ポテトサラダ（p.88）‥‥‥‥‥‥ 適宜

特売のお肉でも、脂身を取り除いてフォークで刺して筋を切っておくと柔らかく焼き上がるわよ

特売のお肉でも
プスプスしておけば
おいしく食べられるはずよ

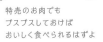

1 牛肉は大きな脂を取り除き、筋を
切って全体をフォークで刺し、裏表
に塩こしょうする。脂は取っておく。

2 玉ねぎは皮をむいてざく切り、にん
にくも皮をむく。

3 2とAを合わせてミキサーにかけ、
鍋に入れて火にかけ、アルコール
分を飛ばす。

4 フライパンに1で取り除いた牛脂を
熱し、肉を入れて表裏を好みの加
減で焼く。焼き上がった肉は、ア
ルミホイルに包んで休ませる。

5 4のフライパンに3を入れて火にか
け、ソースを作る。

6 4の肉を器に盛って5のソースをか
け、バターをのせる。あればポテト
サラダを添える。

ステーキのソースは
お肉を休ませている間に
作っちゃいましょう〜！

ビールとステーキ
合いすぎ！
合いすぎて…
椅子になったわ（？？？）

オススメビール

銀色のヤツ!!

いいお肉、
せっかくなら
上手に丁寧に焼いて
さらにおいしく
食べたい…

09

ジンギスカン

北海道に遊びに行ったときに買った、
ジンギスカンを焼いてみました。
もう、おいしすぎて無限に食べられる!!
北海道というすばらしい土地に
遊びに行けたことに感謝!

お肉の表面に焦げ目がついて
パチパチいってきたら仕上げの合図よ

材料

ラム肉（ジンギスカン用／味つき）‥‥‥‥ 400g
しし唐辛子‥‥‥‥‥‥‥‥‥‥‥‥‥‥ 8 本
ローズマリー（粉末）‥‥‥‥‥‥‥‥‥ 少々

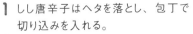

1 しし唐辛子はヘタを落とし、包丁で
　切り込みを入れる。

2 ラム肉はオーブンの天板に並べて
　ローズマリーを振り、室温に戻す。
　室温に戻ったら110℃のオーブンで
　10 分加熱する。

3 2 が焼き上がる 5 分ほど前に、1 の
　しし唐辛子をラム肉の上にのせ、
　一緒に焼く。

切り込みを入れておくと
しし唐辛子の暴発を
避けられるのよ

ジンギスカン用の
お肉には味がついているけど
一応、ローズマリーを
かけてみたわ

や、ウ、ウマ!!
ウマすぎ!!
ウマすぎる!!

オススメビール

BEER
(生)

一番のヤツもいいけど…
黒いラベルのヤツ!!

焼き鳥を頼むとき
砂ズリとハツを
頼むヤツは仕事ができるわね…
（倒置法）

ハツ焼き

10

ハツのいいところは柔らかくてジューシーなのに
噛めば噛むほど旨みが出てくるところ。
胃袋を直接攻撃されたようなおいしさ！
ビールにもぴったりです！

ハツは牛の心臓
冷凍のものも多いから
しっかり火を通して食べるのよ

🍴 材料

牛ハツ（焼き肉用）	200g
塩、こしょう	各少々
長ねぎ	1/2 本
玉ねぎ	1/2 個
塩	少々
A	
┌ しょうゆ	大さじ1
│ みりん	大さじ2
│ 料理酒	大さじ2
└ ハチミツ	大さじ1
サラダ油	適量
七味唐辛子	適量

1 ハツはキッチンペーパーで水気を拭き、塩、こしょうする。

2 長ねぎは斜め切りに、玉ねぎは薄切りにする。

3 フライパンに油を熱し、余分な油をキッチンペーパーで拭き取ってから 1 のハツを並べ入れて裏表しっかり焼き、取り出す。

4 3 のフライパンに 2 の玉ねぎを入れ、塩を振って炒め、火が通ったら取り出す。

5 4 のフライパンに A を入れ、ふつふつとしてきたら 2 の長ねぎを加えてからめる。

6 器に 4 の玉ねぎを盛って 3 のハツをのせ、5 の長ねぎと七味唐辛子を添える。

人間みんな
ナマがお好きなようだけど
心臓にはしっかり
火を通しておくことね

つけ合わせは、
調味料四天王（p.80）で
味つけしたねぎよ！

ウマすぎて
ウマになったわ…
食べてるの
ウシですけど…

オススメビール

一番のヤツ!!

一番おいしいのは
腕の肉だよォ〜！

ワニ肉のソテー

11

某大手通販サイトで買ったワニ肉。
ちょっとクセのある香りがしましたが、
オリーブオイルとハーブに漬け込んで焼いて大正解！
骨の髄までおいしく食べられて、おつまみに最高！
つけ合わせのにんじんの
やさしい味との相性も抜群です！

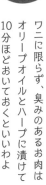

ワニに限らず、臭みのあるお肉は
オリーブオイルとハーブに漬けて
10分ほどおいておくといいわよ

🍴 材料

ワニ肉 ・・・・・・・・・・・・・・・・・・・・・・・・・・ 腕 1 本
にんにく ・・・・・・・・・・・・・・・・・・・・・・・・・・ 1 片
オリーブオイル ・・・・・・・・・・・・・・・・・ 大さじ 2
A
｜ 塩、こしょう ・・・・・・・・・・・・・・・・・・・・・ 少々
｜ ローズマリー（ドライ）・・・・・・・・・・・ 少々
｜ クローブ ・・・・・・・・・・・・・・・・・・・・・・・・・ 少々
にんじん ・・・・・・・・・・・・・・・・・・・・・・・・・ 1/2 本
バター ・・・・・・・・・・・・・・・・・・・・・・・・・・・・ 20g
B
｜ 赤ワイン ・・・・・・・・・・・・・・・・・・・・ 1/4 カップ
｜ ウスターソース ・・・・・・・・・・・・・・・ 大さじ 2
｜ ケチャップ ・・・・・・・・・・・・・・・・・・・ 大さじ 2

1 にんにくは潰してみじん切りにする。

2 ワニ肉は皮をはぎ、バットに入れて
オリーブオイルと **1** のにんにく、**A**
を加え、ラップをかけてしばらくおく。

3 にんじんは 5 〜 6cm の長さに切る。

4 鍋に湯を沸かし、**3** とバターを入れ
てふたをし、にんじんが柔らかくなる
まで煮る。

5 **2** のオリーブオイルとにんにくをフラ
イパンに入れて火にかけ、香りが
立ったらワニ肉を入れる。片面が焼
けたら裏返してふたをし、蒸し焼き
にする。

6 **5** のワニ肉に火が通ったらアルミホ
イルに包んで休ませる。

7 **5** のフライパンに **B** を入れて熱し、
ソースを作る。

8 **6** を器に盛り、**7** をかけて **4** のにん
じんを添える。

にんじんは、
大量のバターをブチ込んで
煮込むだけで
おいしくなっちゃうよ

ソースを作るときに
フライパンに残った
肉の旨みをこそぎ取るのよ

ヘビメタもお肉も
クサければクサいほど
イイ！

BEER
うまいやつ

オススメビール

一番のヤツ!!

居酒屋さんの
お通しが
おいしかったから
記憶を頼りに
再現してみたわ

サバ水煮缶のしょうが炒め

12

打ち上げで行った
居酒屋さんのお通しを再現した一品。
大根の葉っぱがシャキシャキでおいしい!
さすがお通し、一杯目のビールのウマさを
際立たせてくれます!

大根の葉のシャキシャキ感が
ポイントだから
火を通しすぎないようにしてね!

🍴 材料

サバ水煮缶	1缶
しょうが	1片
大根の葉	1本分
長ねぎ	1/2本
サラダ油	適量
しょうゆ	大さじ1
みりん	大さじ1

サバ水煮缶は
缶汁ごと投入!

1 しょうがはせん切りに、大根の葉は
  5cm長さに切る。長ねぎは小口切
  りにする。

2 フライパンに油を熱し、1のしょうが
  を炒める。

3 2の香りが立ったらサバ水煮缶を
  缶汁ごと入れ、サバがほぐれてきた
  ら1の大根の葉を加える。

サバが
ほぐれてきたところで
大根の葉を入れるのよ

4 しょうゆ、みりんを加えて味をつける。
  1の長ねぎを加えてひと混ぜし、器
  に盛る。

ビールが止まらない
ドラムソロより
止まらない

BEER
うまいやつ

オススメビール

一番のヤツ!!

髪の毛を後ろで
ひとつに結んでから
食べると
さらにおいしく
感じるわ（当社比）

味玉

13

居酒屋さんで味玉を頼んだとき、
量が少ないと感じることないですか？
「腹いっぱい味玉食べてゐンダわ」ってなりますよね。
そういうときこそ、自宅で優勝！
好きなものを好きなだけ食べられる喜びを、ぜひ！

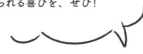

沸騰したお湯に卵を入れて
再沸騰から6分半で
きれいな半熟卵ができ上がるわよ

🍴 材料

卵	6個
A	
しょうゆ	1/4 カップ
水	1/4 カップ
料理酒	1/4 カップ
ハチミツ	大さじ1
赤唐辛子の輪切り	小さじ1
からし	適量

ゆで卵は沸騰してから
ゆでるほうが
失敗が少ないのよ

1 鍋に湯を沸かし、卵を入れて6〜
　7分、好みの固さにゆでて殻をむく。

2 別の鍋にAを入れて煮立て、煮
　立ったら赤唐辛子の輪切りを加える。

3 ジッパーつき保存袋に1と2を入
　れ、冷蔵庫で3時間ほど漬け込む。

4 3の卵を縦に二等分し、器に盛っ
　てからしを添える。

このまま冷蔵庫で
3時間ほど漬け込めば
いい塩梅で味がつくわ…

はい！
今回も
ビールとの初接吻
いただきましたッ！

オススメビール

一番のヤツ!!

福岡で
モツ鍋を食べるなら
しょうゆ味と相場は
決まっているのよ

モツ鍋

14

モツの旨みが染み込んだ野菜がもう!!
こんなにおいしいモツ鍋を食べられるなんて
福岡に住んでいて本当によかった…。
ごま油を垂らして味変するのもオススメ。
ビールとお鍋の無限ループ、間違いなし!

〆はもちろんちゃんぽん麺で!

🍴 材料

モツ	300g
もやし	1袋
キャベツ	1/2個
にんにく	1片
にら	1束

A

水	1/2カップ
しょうゆ	大さじ3
みりん	大さじ3
砂糖	大さじ1
だしの素	大さじ1
赤唐辛子の輪切り	少々
ごま油	適宜

1 鍋に湯を沸かしてモツを下ゆでし、流水で洗う。

2 キャベツは芯を除いてざく切りに、にらは5〜6cm長さに切り、にんにくは薄切りにする。

3 鍋にキャベツ、もやし、モツ、にんにくの順に入れ、Aを加える。

4 3の上ににらをのせたら、火にかけてふたをする。全体が煮えたら完成。好みでごま油をかけて食べる。

キャベツは
気持ち大きめに
切ってもいいかもね

ふたをしたら、
中火で2〜3分
火を通すのよ

怒涛の飲酒!
ウマッ…

オススメビール

一番のヤツもいいけど…
銀色のヤツ!!

圧倒的幸福感!!!!

豚キムチミルフィーユ鍋

15

白菜の甘みが豚の旨みを引き出し、
それを細かく切った長ねぎが引き締める…。
そのハーモニーに、
キムチの辛さが加わるという幸福感！

きれいなミルフィーユ状態を壊さないように
キムチ鍋の素や水はそっとブチ込んでね

🍴 材料

豚バラ薄切り肉	300g
白菜	1/4 個
キムチ鍋の素（市販品）	適量
長ねぎの斜め切り	1/2 本分

1 白菜を洗って広げ、中央に豚肉を
  広げてのせ、上からもう1枚白菜を
  かぶせる。

2 1を5cm幅に切り、丸めながら鍋
  の中に並べ入れる。

3 2に、キムチ鍋の素の説明書き通
  りに、キムチ鍋の素と水（分量外）
  を加え、ふたをして火にかける。

4 10分ほど煮たら火を止め、長ねぎ
  の斜め切りをのせる。

白菜1枚に
豚肉2枚くらいの
割合でのせるのよ

万華鏡を
イメージして並べると
きれいに盛れるわ

日本人は寒い季節に
このビールを
飲むものよ

オススメビール

PREMIUM
BEER
生ビール

金色のヤツ!!

連勝街道まっしぐら！

そろえておきたい調理道具

基本はひとり暮らしの自炊だから、調理器具はミニマム。
これはあると便利！という道具をご紹介します。

＼これでまずは一勝！／
基本の調理器具

フライパンと小鍋、そして電子レンジがあれば、
ほとんどの料理が作れます！ プラス、菜箸と
おたま、キッチンナイフにざるがあれば、万全。
まずはここからそろえましょう。

＼連勝街道を目指せ！／
あると便利な道具類

料理をするようになると、欲しくなってくる道
具類。重宝しているのは、木べらやフライパ
ンのふた、茶こしなど。"よく切れる包丁"は、
料理を楽しくしてくれる効果も！

＼強力助っ人がサポート！／
文明の利器で手軽に優勝

やっぱり頼りになるのが文明の利器。特に炊
飯器、圧力鍋は時短にも欠かせないオススメ
アイテム。オーブン機能のあるトースター、ミ
キサーも、置き場があるならぜひ！

＼縁の下の力持ち系／
消耗品類も忘れずに

ラップやホイル、キッチンペーパーはもちろん、
ジッパーつき保存袋や保存容器もあると便利。
作りすぎた料理を保存できるようになると、自
炊がぐっと楽になります。

ビールで優勝！

がんばろう編

ウマいビールで連日連夜
優勝したいならひと手間かける努力も大切！
ちょっとがんばっておいしいつまみを作って
ウマすぎるビールで乾杯しよう！

BEERMESHI
Part.2

WIN

野菜をつまみに
お酒で優勝したい…！
そんなあなたには
オススメよ…！

ジャーマンポテト

01

じゃがいもと玉ねぎで
メニューに困ったらこれ！
おやつにもおつまみにも
どっちもいけちゃいます。

オリーブオイルににんにくを入れてから
火をつけるといいのよ
理由は知らないけど、香りがしっかり立つわ

材料

じゃがいも	3 個
玉ねぎ	1 個
にんにく	2 片
ベーコン	2 枚
クレイジーソルト	適量
オリーブオイル	適量
コンソメ顆粒	小さじ 2
ブラックペッパー	適量
ドライバジル（市販品）	適量

1 じゃがいもは芽を取り、皮がついた
　 まま 3cm 角に切る。耐熱皿に入れ
　てクレイジーソルトを振り、ラップをし
　て電子レンジ（500W）で 7 分加熱
　する。

2 にんにくは潰してみじん切りにし、
　玉ねぎは 1cm 厚さに切る。ベーコ
　ンは 1.5cm 幅の短冊切りにする。

3 フライパンにオリーブオイルと 2 の
　にんにくを入れて弱火にかけ、香り
　が立ってきたら玉ねぎを入れて強火
　で炒める。

4 3 にある程度火が通ったら、1 の
　じゃがいもと 2 のベーコンを入れて
　さらに炒め、コンソメ顆粒、ブラッ
　クペッパーを振る。

5 器に盛り、ドライバジルをかける。

なんでもむけば大人に
なれると思ったら間違いよ
じゃがいもの皮はむかないの

にんにくがふつふつと
してきたところで
玉ねぎを加えるのよ

ウマすぎて…？？？？？
ウマになったわ
あ〜もうホント
ビール大好き！

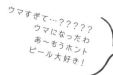

オススメビール

一番のヤツ!!

うーん、
この焼き色は
800,000,000nmst
（8億ナマステ）

タンドリーチキン

02

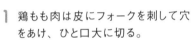

これ、厳密には
チキンティッカっていうらしいわよ

タンドリーチキンと
ビールって合いすぎ!!
合いすぎて椅子に
なりますね!(???)

🍴 材料

鶏もも肉	1 枚

A
プレーンヨーグルト	大さじ 3
クミン	小さじ 1/2
ガラムマサラ	小さじ 1/2
パプリカパウダー	小さじ 1
にんにくのすりおろし（市販品）	大さじ 1
しょうがのすりおろし（市販品）	大さじ 1
レモン汁	小さじ 1
トマトのくし形切り	適量
レタスのざく切り	適量

1 鶏もも肉は皮にフォークを刺して穴をあけ、ひと口大に切る。
2 ボウルに **A** を入れてよく混ぜ、タンドリーチキンのたれを作る。
3 **1** の鶏もも肉を **2** のたれに漬け込み、全体がなじんだらラップをして冷蔵庫に入れて 3 時間おく。
4 **3** をアルミホイルの上に並べ、230℃のオーブンで 15 分焼く。
5 **4** を器に盛り、トマトとレタスを添える。

鶏もも肉の皮に
穴をあけておくと
おいしく、きれいに
焼けるのよ

皮目を上にすると
おいしく焼き上がるらしいわよ
理由は知らないけどね〜 w

イェーイ!
しゅわしゅわの
ビール希望!

オススメビール

一番のヤツもいいけど…
金色のヤツ!!

ガーリックシュリンプ

四捨五入したら、ここがハワイ！

03

ガーリックシュリンプすぎる一品。
正直、エビはあんまり好きじゃないんですが、
これだと何個でも食べられちゃうから不思議。

にんにくはレンチンしてから潰してみじん切りにすると
香りが強く出るだけではなく
ホクホクとした食感が楽しめるからオススメよ！！

🍴 材料

エビ	16尾
にんにく	1個
塩、こしょう	各少々
オリーブオイル	大さじ3
バター	20g
料理酒（または白ワイン）	大さじ3
レモンの輪切り	適量
ドライパセリ（市販品）	適量

1 エビは頭を落として塩水で洗う。

2 1のエビの殻をむき、さらに塩水で洗う。

3 2の尾をしごいて水分を取り、尾の先を落とす。

4 にんにくは丸ごと電子レンジ（500W）で2分加熱し、潰してからみじん切りにする。

5 3をボウルに入れ、4のにんにくと塩、こしょう、オリーブオイルをかけてラップをし、10分ほどおく。

6 フライパンにバターを熱し、エビを並べ入れる。片面が焼けたらひっくり返して料理酒を加え、ふたをして蒸し焼きにする。

7 火が通ったら器に盛り、レモンの輪切りをのせてドライパセリを振る。

塩水でしっかり洗うと
エビ臭さも防げるのよ

キレイに並べれば
並べるほど
食欲は増しちゃうわねぇ

ウマすぎて
ウマになったわよ
もぉぉぉぅ…
ウマすぎる…

オススメビール

一番のヤツ!!

ポテチを食べるのと
同じ感覚で
食べられちゃう

焼きワンタン

04

焼きワンタンのいいところは、
餃子と違ってひとつひとつが重たくないから
お酒のつまみとしてバクバク食べることができるところ。
たれは途中でラー油を垂らして、
味変するのがオススメ！

ワンタン同士が
くっついていても問題なし！
フライパンからはがれていれば
ひっくり返せるわよ

🍴 材料

豚挽き肉	200g
長ねぎ	1/2 本
にら	1 束

A

料理酒	大さじ 2
ごま油	大さじ 2
にんにくすりおろし（市販品）	小さじ 1
オイスターソース	小さじ 2
鶏ガラスープの素	小さじ 1
塩、こしょう	各少々
ワンタンの皮	10 枚
ごま油	適量
しょうゆ	適量
ゆずこしょう	適量
ラー油	適量

1 長ねぎとにらはみじん切りにする。

2 ボウルに 1 と挽き肉を入れ、全体をなじませる。A を加えてさらに混ぜる。

3 ワンタンの皮で 2 を少しずつ包んでワンタンを作る。

4 フライパンを火にかけてごま油を熱し、ワンタンを並べる。パチパチと焼けてきたら水 1/2 カップ（分量外）を加えてふたをする。

5 ある程度水分が飛んだらふたを開け、ちょうどいい大きさの皿をフライパンにのせてひっくり返して皿に移す。しょうゆ、ゆずこしょう、ラー油を添える。

ワンタンは
ビャーって作るのよ

この焼き色！
やだーおいしそう！

ワンタンとビール
すべての
マスターピースが
そろったわ

オススメビール

一番のヤツもいいけど…
銀色のヤツ!!

匂いで優勝、
味で優勝、
飲んで優勝
三連勝!!!

皮なし大葉餃子

ごま油で炒めた大葉の香りがたまらない！
小さいころは大葉が苦手だったはずなんだけど、
お酒を飲むようになってから
盛りつけについてくる大葉も
必ず食べるようになっちゃいました！

大葉がコゲるのに気をとられて
具に火を通さないのは御法度よ

🍴 材料

焼きワンタンの具（p.50）	約200g
大葉	5枚
片栗粉	少々
ごま油	適量
からし	適量

1 大葉は茎と固い葉脈を取り除く。

2 大葉の裏側に片栗粉を振って焼きワンタンの具を丸めてのせ、指でつぶして大葉で巻く。

3 フライパンにごま油を熱し、**2** の大葉餃子を並べ入れる。

4 両面に焼き色がついたらふたをして蒸し焼きにする。器に盛ってからしを添える。

焼きワンタンの具に
大葉を巻くだけで
別料理になるのよ！

ごま油を使って
焼くのがポイント
香りがたまらなーーい！

からしキマリすぎて
顔面が修羅に
なっちゃったわね…

オススメビール
一番のヤツ!!

居酒屋でモツ煮頼むと
最後の汁だれ飲むか？
みたいなバトル
始まらない？

モツ煮込み

06

ここはお店じゃないから、残り汁までひとり占め…至福の瞬間ですね！

大根は米のとぎ汁で下ゆでするとおいしくなるってババが言ってたね

🍴 材料

モツ	200g
長ねぎの青い部分	1本分
大根	1/2本
米のとぎ汁	適量
にんじん	1本
ごま油	適量
味噌	大さじ3
みりん	大さじ3
料理酒	1/2カップ
水	2カップ
糸こんにゃく	1袋
長ねぎの小口切り	適量

1 鍋に湯を沸かし、長ねぎの青い部分を入れてモツを下ゆでし、流水で洗う。

2 大根は皮をむいていちょう切りにし、米のとぎ汁で下ゆでする。にんじんはいちょう切りにする。

3 圧力鍋にごま油を熱し、1、2を加えて炒める。

4 3の全体に火が通ったら、味噌大さじ2をみりんで溶いて加える。料理酒、水も加えて沸騰したらふたをし、圧力をかけて15分煮る。

5 4の圧力を解いてふたを取り、長ねぎの青い部分を取り出す。糸こんにゃくを加え、ほぐれてきたら火を止めて残りの味噌を加える。

6 器に盛って長ねぎの小口切りをのせる。

炒めるときは下ゆでに使った長ねぎの青い部分も一緒にね

圧力を解いたあと糸こんにゃくがほぐれるまで煮込むのよ

ビールってなんで毎日飲んでも飽きないのかしら？もうビールになりたーい！！

オススメビール

一番のヤツ!!

ゆずこしょうと鶏肉、結ばれすぎ！前世はロミオとジュリエット（ロマンチスト）かしら？

鶏むね肉のチャーシュー

07

鶏肉を使ったヘルシーなおつまみ。
この鶏肉、化粧水でも飲んでたのかと思うくらい
めちゃくちゃしっとり仕上がりました！
相性最高のゆずこしょうを添えてどうぞ！

薄めにスライスした
鶏チャーシューを素うどんに添えても
あらおいしい〜！

🍴 材料

鶏むね肉	2 枚
水	1/2 カップ
ポン酢	1/2 カップ
ゆずこしょう	適量

1 鶏むね肉は皮をはぎ、フォークで全体を刺して、耐熱性のジッパーつき保存袋に入れる。

2 水とポン酢を混ぜ、1 の袋に加える。

3 炊飯器の内釜に湯をはり、2 を入れてふたをする。保温機能を使って 1 時間温める。

4 鶏肉を取り出し、薄く切って器に盛り、ゆずこしょうを添える。

鶏肉はフォークで
刺しておくと
柔らかく仕上がるわ

炊飯器の保温機能で
じっくり調理
誰でも簡単ね！

ビールかと思った？
実は超絶
ハイボール〜！

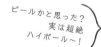

オススメ酒

例のアレ!!

チリソースの作り方
あなた、知ってる？

エビチリ

08

これ、いっつも思うんだけど
中華料理屋ってだいたい友だちと行くぢゃん？（ギャル）
大皿でエビチリ頼むぢゃん？（ギャル）
全部食べてェンダわアレ（デブ）
シェアとかしたくねェンダわ　全部ひとり占めしたいの。
でも人間は社会的動物だからネ、
己の欲望を満たすためにはお料理スルしかないの。

エビの汚れは、片栗粉の
細かい粒子で落とすのよ
塩を入れると浸透圧の関係で
プリプリに仕上がるわよ

🍴🍴 材料

エビ	15尾
片栗粉	適量
塩	少々
ワンタンの皮	3枚
ごま油	大さじ3
長ねぎ	1/2本
しょうがのすりおろし（市販品）	大さじ1

A

料理酒	1/2カップ
豆板醤（とうばんじゃん）	大さじ1/2
ケチャップ	大さじ3
鶏ガラスープの素	大さじ1
ハチミツ	大さじ1/2
ドライパセリ（市販品）	適量

1 ボウルに水（分量外）とエビを入れ、片栗粉と塩を振り入れてよく洗う。洗い終えたら、殻をむいて背ワタと尾を取る。

2 ワンタンの皮は三等分する。

3 フライパンにごま油を熱し、2のワンタンの皮を揚げ焼きにする。火が通ったらワンタンの皮は取り出す。

4 長ねぎはみじん切りにし、3のフライパンでしょうがのすりおろしとともに炒める。香りが立ってきたところで1のエビとAを加えてさらに炒める。

5 エビの色が変わってきたらハチミツを加え、さらに煮込んで器に盛る。3のワンタンの皮を添え、ドライパセリを振る。

ワンタンの皮は
三等分にして
フライパンにブチ込むの

ある程度色味が
整ってきたら
ハチミツを加えていくのよ

いつもの初接吻
ウマすぎてウマに
なったわね…

オススメビール

一番のヤツ!!

おいしすぎて
石になったわね

青椒肉絲 チンジャオロースー

09

子どものころに食べた青椒肉絲は
野菜の中からお肉を探すような料理だったんで、
自分で作るときは、
お肉の中から野菜を探すくらい、
お肉をたっぷり使っています。
ゆずこしょうや豆板醤で味変するのもオススメ！

ピーマンを細切りにするときは
縦に切るといいらしいわよ
理由は知らないけどね！

🍴 材料

豚ロース肉	400g
ピーマン	3個
たけのこの水煮	1/2本

A
酒	大さじ3
しょうゆ	大さじ2
塩、こしょう	各少々
片栗粉	大さじ2
にんにくすりおろし（市販品）	大さじ1
サラダ油	適量

B
オイスターソース	大さじ2
ハチミツ	大さじ1
鶏ガラスープの素	大さじ1
ゆずこしょう	適宜
豆板醤	適宜

お肉にはあらかじめ
下味をつけておくのよ

細切りにした具材を
フライパンで
温めていくだけ

1 豚肉、ピーマン、たけのこを細切り
にする。

2 1の豚肉をボウルに入れ、**A**を加
えてよく混ぜ合わせる。

3 フライパンに油を熱し、2の豚肉を
炒める。

4 豚肉に火が通ったら、ピーマンとた
けのこも加え、**B**を入れてさっと炒
め合わせたら器に盛る。ゆずこしょ
うと豆板醤を添える。

料理をかき込んだあとは
一気にビールで
胃の中に流し込むの

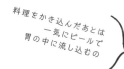

オススメビール

一番のヤツもいいけど…
銀色のヤツ!!

061

無限に食べられちゃう私特製麻婆豆腐！

麻婆豆腐 マーボードウフ

10

今回の麻婆豆腐にも使っているけど、
にんにくと長ねぎは、
月額制の使い放題サービスがほしいくらい！
香味野菜は、ビールめしに欠かせません！

お豆腐は塩ゆでしておくと
崩れにくく
キレイにでき上がるわよ

🍴 材料

豆腐（木綿）・・・・・・・・・・・・・・・・・・・・・・・・	1 丁
塩・・・・・・・・・・・・・・・・・・・・・・・・・・・・・・・・・・	少々
にんにく・・・・・・・・・・・・・・・・・・・・・・・・・・・	3 片
長ねぎ・・・・・・・・・・・・・・・・・・・・・・・・・・・・	1/2 本
豚挽き肉・・・・・・・・・・・・・・・・・・・・・・・・・	150g
ごま油・・・・・・・・・・・・・・・・・・・・・・・・・・・・	適量

A

豆板醤（とうばんじゃん）・・・・・・・・・・・・・・・・・・・・	大さじ 1
水・・・・・・・・・・・・・・・・・・・・・・・・・・・・・	1 カップ
しょうゆ・・・・・・・・・・・・・・・・・・・・・・・・・	大さじ 2
料理酒・・・・・・・・・・・・・・・・・・・・・・・・・	大さじ 3
砂糖・・・・・・・・・・・・・・・・・・・・・・・・・・・	大さじ 1
鶏ガラスープの素・・・・・・・・・・・・・	大さじ 1
水溶き片栗粉 ・・・ 大さじ 3（片栗粉：水＝ 2：1）	
山椒・・・・・・・・・・・・・・・・・・・・・・・・・・・・・・	適量
花椒・・・・・・・・・・・・・・・・・・・・・・・・・・・・・・	適量

1 豆腐はサイコロ状に切って塩ゆでし、ざるに取る。

2 にんにくは薄切り、長ねぎはみじん切りにする。長ねぎの青いほうは、盛りつけ用に小口切りにする。

3 フライパンにごま油を熱し、2 のにんにくと長ねぎを入れる。香りが立ってきたところで豚挽き肉を加える。

4 3 の挽き肉の色が変わってきたら A を加え、ふたをして弱火で 10 分ほど煮込む。

5 4 のフライパンに 1 の豆腐を加え、豆腐がほぐれてきたら、水溶き片栗粉、山椒、花椒を加える。

6 火を止めて全体をなじませたらふたをしてしばらくおく。器に盛り、盛りつけ用の長ねぎの小口切りを散らす。

お豆腐は事前に
塩ゆでしておくと
形が崩れにくく
なるらしいわよ

お豆腐は
挽き肉を煮込んでから
加えるのよ

中華料理とビールって
なんでこんなに
合うのかしらねぇ…

オススメビール

一番のヤツ!!

この回鍋肉
めちゃめちゃ
おいしいわよ
（食レポ放棄）

回鍋肉 ホイコーロー

11

この間作った焼きそばがおいしかったから、
また作ろうと思ったら、調理中に麺がないのに気づいて
急遽、回鍋肉に変更〜！
お肉の脂が苦手な人は、しょうがとキャベツを
ちょっと多めにしとくといいかもです！

おつまみとして
回鍋肉を楽しみたいのなら
豆板醤は気持ち多めにブチ込むことね…

🍴 材料

豚バラ薄切り肉	200g
キャベツ	1/4 個
ピーマン	2 個
長ねぎ	1/2 本
ごま油	適量
しょうがのすりおろし（市販品）	大さじ 1
豆板醤（とうばんじゃん）	小さじ 1
A	
甜麺醤（てんめんじゃん）	大さじ 1
しょうゆ	大さじ 1
紹興酒（しょうこうしゅ）	大さじ 2

1 豚肉は 6 〜 7cm 幅に切る。キャベツはざく切り、ピーマンは細切り、長ねぎは小口切りにする。

2 フライパンにごま油を熱し、しょうがのすりおろしと 1 の長ねぎ、豆板醤を入れて炒め、香りが立ったところで 1 の豚肉を入れてさらに炒める。

3 肉の色が変わったら、1 のキャベツとピーマンを加えてさらに炒め、全体に火が通ったら **A** を加える。

4 全体がなじんだら器に盛る。

お肉を冷凍していた場合は
電子レンジで
解凍してから調理よ！

お肉とお野菜に火が通ったら
甜麺醤・おしょうゆ・紹興酒
をブチ込むわね

プルタブ開ける音って
いつ聞いてもいいわね…

オススメビール

一番のヤツ!!

あなたたち知ってた？
カレーをルーだけで
食べると、ビール
めちゃくちゃ進むのよ

カレーのルー

12

ご飯なしのカレーを体験したことがない方、
カレーとビールはめちゃくちゃ合うのでぜひお試しを。
炭水化物が足りないなと思ったらポテサラ（p.88）をプラス
相乗効果でビール1本じゃ足りなくなりますけどね！

ミキサーがない場合、玉ねぎは
できるだけ細かくみじん切りにして
ブチ込みましょうね

🍴 材料

鶏むね肉	2 枚
にんじん	1 本
じゃがいも	2 個
玉ねぎ	1 個
しょうがの薄切り	5 枚
にんにく	5 片
バター	適量
トマト水煮缶	200g
水	1 カップ
カレールー（市販品）	4 皿分
ガラムマサラ	適量
ピザ用チーズ	適宜

1 鶏むね肉は一口大に切る。にんじ
　ん、じゃがいもは皮をむいて乱切り
　にする。にんにくは潰す。

2 玉ねぎは皮をむいて適当な大きさに
　切り、ミキサーにかけてペースト状
　にする。

3 圧力鍋にバターを熱し、しょうがの
　薄切りと1のにんにくを炒める。香
　りが立ったら、1の鶏肉と野菜、2
　を入れる。

4 3にトマト水煮缶と水を加えてふた
　をし、圧力をかけて15分煮る。

5 圧力を解いてふたをあけたら、カレー
　ルーとガラムマサラを加え、軽く混
　ぜ合わせて器に盛る。好みでピザ
　用チーズをかける。

圧力鍋で作ると
時短が可能になるわ

カレールーとガラムマサラは
圧力を解いてから加えてね

ビール進みすぎて
もうないの？
マボロシ？

オススメビール

一番のヤツ!!

いやぁ～
もうこれは最高～
世界のすべてを
解き明かしちゃいそうね

13

牛皿

牛皿をアテにビールで優勝するって
概念だけでは知ってたけど、
実際試してみるとこんなにおいしいとは！
もちろん、ご飯にのせて紅しょうがや生卵を添え、
牛丼として麦茶と優勝するのもオススメです！

切った玉ねぎに塩を振りかけておくと旨みが出る気がするわね…

🍴 材料

牛細切れ肉	300g
玉ねぎ	2 個
塩	少々
サラダ油	大さじ 1

A

水	1/2 カップ
しょうゆ	大さじ 3
料理酒	大さじ 3
みりん	大さじ 2
ハチミツ	大さじ 2
赤唐辛子の輪切り	少々

玉ねぎに少し火が通ったタイミングで調味料をブチ込んでね！

1 玉ねぎはくし形切りにし、塩を振っておく。

2 フライパンに油を熱し、1 を炒める。少し火が通ったら A を入れて牛肉を加え、炒め煮にする。

3 全体に火が通ったら器に盛る。

このくらい煮えてきたら完成ね！

時間を持て余しているすべての人にオススメよ

オススメビール

一番のヤツもいいけど…
金色のヤツ!!

ひと口食べれば
頭の中はもう
実家に帰省したわね

肉じゃが

14

肉じゃがというやさしい料理に
ゆずこしょうという名の厳しさをプラスするのがポイント。
味の染みたじゃがいもやにんじんに
ゆずこしょうをちょっと添えるだけで
お酒が進むんです…！

煮ものは、一度冷ますと
味がシミシミするのよ
食べる前には温め直してね

🍴 材料

豚薄切り肉	400g
にんじん	2 本
じゃがいも	6 個
玉ねぎ	2 個
糸こんにゃく	1 袋
絹さや	15 さや
サラダ油	適量

A

水	2 カップ
しょうゆ	1/2 カップ
料理酒	1/2 カップ
みりん	1/2 カップ
砂糖	大さじ 2
だしの素	大さじ 1
ゆずこしょう	適量

肉じゃがのお野菜は
なるべく大きめに
切るといいわね

はいここで
カレー食べたくなった人
正直に手を挙げなさい

1 豚肉は 5 〜 6cm 幅に切る。にんじんは乱切り、じゃがいもはひと口大に、玉ねぎはくし形切りにする。

2 糸こんにゃくは流水で洗って食べやすい長さに切る。絹さやはヘタと筋を取って塩ゆでする。

3 圧力鍋に油を熱し、**1** の豚肉を炒める。豚肉の色が変わったら、**1** の野菜をにんじん、じゃがいも、玉ねぎの順に加え、さらに炒める。

4 ある程度火が通ったら **A** と **2** の糸こんにゃくを加えてふたをし、加圧して 10 分ほど煮る。

5 **4** の圧力を解いたらふたを開け、**2** の絹さやを加えて火を止めたまましばらくおく。

6 器に盛って、ゆずこしょうを添える。

ウマすぎて
ウマになったわね…
（実家バージョン）

オススメビール

一番のヤツ!!

360度 どっから 見ても おいしそう

豚挽き肉のしそ焼き

15

しその香りにゆずの皮の香り、
そして刻んだねぎ！
大人の味のデパートともいえる
おつまみです。

たねが余ったら、小さく丸めて
冷蔵保存できるわよ
明日同じものを作ってもいいし
つみれの味噌汁（p.134）にしてもいいわね

挽き肉はよく練って
つみれ状にするのよ

🍴 材料

豚挽き肉	200g
長ねぎ	1/2 本
大葉	6 枚
塩、こしょう	各少々
しょうがのすりおろし（市販品）	大さじ 1
きざみゆず（市販品）	小さじ 1
卵	1/2 個
サラダ油	適量

成形はこんな感じ
大葉はしっかり
のせてね

1 長ねぎはみじん切りに、大葉は茎を
　葉脈の太い部分ごと切り落とす。

2 ボウルに豚挽き肉と塩、こしょう、
　1 の長ねぎ、しょうがのすりおろし、
　きざみゆず、卵を入れ、手で練る。

3 2 を円形に成形し、1 の大葉をのせる。

4 フライパンに油を熱し、3 を並べ入
　れる。裏表に焼き色がついたら水
　1/4 カップ（分量外）を加えてふた
　をし、蒸し焼きにする。

5 火が通ったら、器に盛る。

大葉とピール
なんでこんなに
合うのかしらね

オススメビール
BEER BEER 一番

金色のヤツ!!

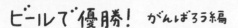

1軒目から〆まで
このメニューひとつで
オッケーね

牛テールスープ

16

圧力鍋で煮込まれてホロホロになった牛テールは
本当にお酒が進みます。
そして、やさしい味のスープでひと休み。
味変はもちろん、名盤「ゆずこしょう」で！

なにごとも…
下準備が大事でしょう？
牛テールは下ゆでしてアクを取ってね

🍴 材料

牛テール	400g
玉ねぎ	1/2 個
しょうがの薄切り	5 枚
長ねぎの青い部分	1 本分
長ねぎ	1/2 本
塩、こしょう	各適量
ドライパセリ（市販品）	適量
ゆずこしょう	適量

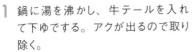

1 鍋に湯を沸かし、牛テールを入れて下ゆでする。アクが出るので取り除く。

2 玉ねぎは三等分のくし形に切る。長ねぎは斜めの薄切りにする。

3 圧力鍋に湯を沸かし、1 の牛テール、2 の玉ねぎ、しょうがの薄切り、長ねぎの青い部分を入れ、加圧して 20 分煮る。

4 3 の圧力を解いたら長ねぎの青い部分を取り出し、ひと煮立ちさせて塩、こしょうで味を調える。2 の長ねぎを入れる。

5 器に盛ってドライパセリを振り、ゆずこしょうを添える。

お湯が沸いてから
牛テールや玉ねぎ・
しょうが・長ねぎの
青い部分を入れるのよ

仕上げに
ひと煮立ちさせて
味つけは塩とこしょうッ！

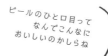

ビールのひと口目って
なんでこんなに
おいしいのかしらね

オススメビール

BEER
うまいやつ

一番のヤツ!!

焼きそば

私は九州男児だから
ちゃんぽん麺で作った
焼きそばしか
知らないわね

17

友だちと居酒屋さんに行くときは
必ず焼きそばを頼むんですけど、
やっぱり自分で作った焼きそばは別格!!
おいしいし、好きなだけ食べられるのは最高です!

私は九州男児だから
ちゃんぽん麺を使っているけど、
もちろん焼きそば用の麺を
使ってもOKよ

🍴 材料

ちゃんぽん麺（ゆで）	2 玉
豚バラ肉	200g
キャベツ	1/8 個
にんじん	1/4 本
ピーマン	2 個
塩、こしょう	各少々
サラダ油	適量

A

しょうゆ	大さじ 1
料理酒	大さじ 2
ウスターソース	大さじ 2
オイスターソース	大さじ 1
紅しょうが	適量
味玉 (p.36)	適宜

1 ちゃんぽん麺は流水で洗ってほぐし、
油をしかないフライパンで軽く炒め
て水分を飛ばす。

2 豚バラ肉とキャベツはひと口大に
切る。にんじんは皮をむいて細切り、
ピーマンも細切りにする。

3 フライパンに油を熱し、**2** の豚肉を
炒めて色が変わったところで野菜を
入れてさらに炒める。

4 **3** に火が通ったら **1** の麺を加え、
A で味つけをし、塩、こしょうで味
を調える。

5 器に盛って紅しょうがを添え、あれ
ば 2 つ割りにした味玉も添える。

野菜は冷蔵庫で
余らせているものを
なんでも使ってみてね

ここににんにくをブチ込んで
野菜炒めにしたくなるけど
ぐっと我慢よ…

ちなみに
キリンさんも
ゾウさんも
どちらも大好きです♡

オススメビール

一番のヤツ!!

日本の食べ物で
一番好きなのは
そば屋のカツ丼だけど
メキシカンな
気分な日はコレ！

タコライス

18

シンプルにおいしいタコライス。
これがまた、某メキシカンビールと合うんですよ！
スカッとしたあとにまたスパイシーなタコライスを食べると
もう…口の中が幸せでいっぱいに！
タコミートをビールで流し込む感じが本当に幸せ…！！

タコミートは冷凍保存もできるのよ
チーズの上にパン粉もかけてオーブンで焼く
焼きタコライスもオススメよ！

🍴 材料

合い挽き肉	300g
玉ねぎ	1個
塩、こしょう	各少々
サラダ油	適量

A

ケチャップ	大さじ3
チリパウダー	小さじ1
ハチミツ	大さじ1
オレガノ	小さじ1/2
ウスターソース	大さじ2
ご飯	食べたいだけ
ピザ用チーズ	適量
レタス	1枚
プチトマト	1個
パセリのみじん切り	適量

1 玉ねぎはみじん切りにする。

2 フライパンに油を熱し、**1**の玉ねぎを炒めて塩、こしょうし、合い挽き肉を加える。

3 挽き肉に火が通ったところで**A**を加え、タコミートを作る。

4 耐熱皿に**3**のタコミートとご飯を盛り、タコミートにピザ用チーズをかけて電子レンジ（700W）で2分加熱する。

5 せん切りにしたレタス、くし形に切ったプチトマトを**4**に添え、ご飯にパセリのみじん切りを散らす。

玉ねぎがこのくらいになったら挽き肉を投入！

ウスターソースが隠し味♡
ぐっと味が締まっておいしくなるのよ

缶ビールも大好きだけど
瓶ビールってなんで
こんなにおいしいのかしらね

オススメビール

メキシコのヤツ!!

これで優勝が止まらない！
そろえておきたい調味料

自炊を始めたときに、意外に出費がかさむのが調味料代。
基本的なものから、徐々にそろえていきましょう！

＼ 毎日の優勝を支える！ ／
調味料四天王

ほとんどのレシピに登場しているのが、しょう
ゆ、みりん、料理酒（日本酒）、ハチミツです。
しょうゆは 2 種類使うと、旨み成分が混ざり
合っておいしさがアップします！

＼ 味をシメて優勝へ導く ／
スパイス類

塩、こしょうのほか、ブラックペッパー、ドライ
パセリがまず基本。そのほかは、徐々にそろ
えれば OK！　お気に入りのスパイスはレシピ
になくても使ってみるといいですよ！

＼ 隠し味にも使える！ ／
ソース類

マヨネーズやウス
ターソース、ケチャッ
プは欲しいところ。
中華料理で優勝
するなら、豆板醤
や甜麺醤、オイス
ターソースをそろ
えます。

＼ 味つけにも味変にも！ ／
チューブタイプ調味料

切ったり、すりお
ろしたりする手間
が省けるチューブ
調味料は本当に
便利！　にんにく
としょうがは必須、
できればきざみゆ
ずもぜひ！

＼ 毎日の優勝の友 ／
香味野菜

長ねぎとにんにく
は、部屋の壁か
ら毎日生えてきて
ほしいくらい。香
味野菜は、ビール
で優勝するのに、
欠かせない食材
です！

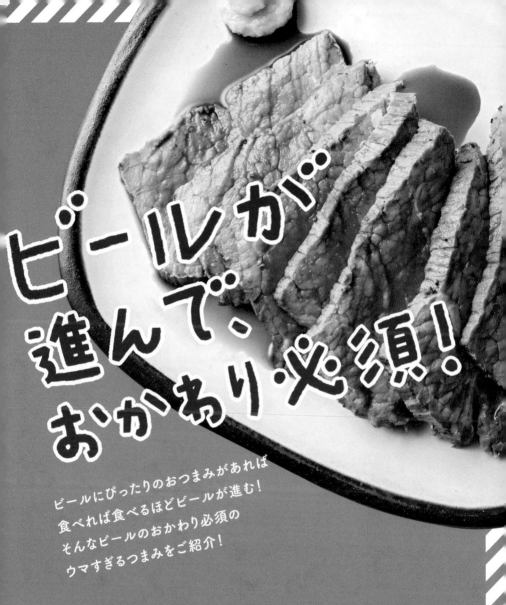

ビールが進んで、おかわり必須！

ビールにぴったりのおつまみがあれば
食べれば食べるほどビールが進む！
そんなビールのおかわり必須の
ウマすぎるつまみをご紹介！

BEERMESHI
Part.3

から揚げに
追いマヨネーズ…
これは禁忌！！

から揚げ

01

から揚げは、たれに半日くらい漬け込んでおくこと！
時間をかければかけるほど味が染みて、
味が染みれば染みるほど、
にんにくとしょうがの風味がたまらない
から揚げができます。

揚げ油に菜箸を入れたとき
小さい泡がフツフツと出るタイミングで
揚げていくといいわよ

 材料

鶏もも肉	2 枚
A	
しょうゆ	大さじ 2
料理酒	大さじ 2
白だし（市販品）	大さじ 1
にんにくすりおろし（市販品）	大さじ 1
しょうがすりおろし（市販品）	大さじ 1
片栗粉	適量
揚げ油	適量
トマトのくし形切り	1/4 個分
キャベツのせん切りミックス（市販品）	
	適量
マヨネーズ	適量

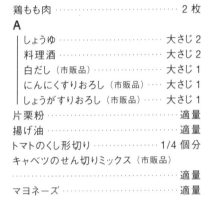

調味料は
しっかり揉み込んだあと
冷蔵庫で半日おくのよ

1　鶏もも肉はひと口大に切る。
2　1とAをボウルに合わせ、手で揉み込んでアルミホイルでふたをし、冷蔵庫で半日ほどおく。
3　2の鶏もも肉に片栗粉をまぶす。
4　170℃に熱した油で3を色よく揚げる。
5　4を器に盛り、つけ合わせのトマトとキャベツ、マヨネーズを添える。

色よく揚がったら
キッチンペーパーで
油を切ってね

揚げものには
やっぱり銀色のヤツね

DRY
y.o.y
生

オススメビール

銀色のヤツ!!

九州男児なので、
だし巻き卵にも
明太子を投入よ！

明太だし巻き卵

02

自炊をするにあたって、
卵焼きはテッパンレシピね。
メインのおかずには
スーパーのお惣菜を用意して、
箸休めに手作りのだし巻き卵。
これが一番コスパのいい
優勝方法ですね！

だしの素が水に溶けない…と感じたら
水を30秒ほどレンチンすると
簡単に溶けるようになるわよ

🍴 材料

卵	3 個
明太子	1 腹
A	
水	1/4 カップ
だしの素	小さじ 1
しょうゆ	大さじ 1/2
みりん	大さじ 2
サラダ油	適量
マヨネーズ	適宜

1 ボウルに卵を溶きほぐし、**A** を加えてさらに混ぜる。

2 卵焼き器に油をひき、**1** を少量流し込む。半熟状になったところで明太子をのせ、卵でくるむように手前に巻いて奥に移動させる。

3 手前側に卵液を少量流し込み、半熟状になったら手前に向かって巻き、奥へ移動させる。

4 **3** の手順を操り返し、フライ返しで形を整えながら卵焼きを作る。

5 焼き上がった卵焼きは食べやすい大きさに切り、器に盛ってマヨネーズを添える。

明太子入れるだけで
卵焼き巻くの
ムズすぎワロタ

諦めたらそこで
スクランブルエッグ
だよ…？

だし巻き卵が
食べたいですッ！

いやーもう
ウマすぎてウマに
なりましたもんね〜（九州）
ビールは北海道限定だけどねー

オススメビール

北海道のヤツ!!

卵黄につけて
味変すれば
無限にビールが
飲めるわよ

つくねの焼き鳥

03

小さいころは、ビールを飲んで
「ッァァ〜」って言う気持ちわからなかったけど、
今はわかりみが深すぎてフカヒレになるくらい。
一番大好きなつくねの味変は山椒です!

竹串がおうちにないそこのアナタ!
そんなときは割り箸で代用するのよ…!
必然的につくねも大きくなって
幸せも大きくなるのよ…!

🍴 材料

鶏挽き肉	250g
長ねぎ	1/2 本

A

しょうがすりおろし（市販品）	大さじ 2
塩	小さじ 1/2
片栗粉	大さじ 1
サラダ油	適量

B

料理酒	大さじ 3
みりん	大さじ 3
しょうゆ	大さじ 1
違う種類のしょうゆ	大さじ 1
ハチミツ	大さじ 1
山椒、七味唐辛子、 きざみゆず（市販品）、木の芽	各適宜
卵黄	適宜

1 長ねぎはみじん切りにする。

2 ボウルに鶏挽き肉、1 を入れ、さらに A を加えてよくこねる。ひと口大に成形する。

3 フライパンに油を熱し、2 を並べ入れて焼く。

4 つくねの両面に焼き色がついたら、B のたれの材料を加え、弱火で煮込む。ある程度色がついたら串に刺して器に盛る。山椒や七味唐辛子、きざみゆず、木の芽、卵黄を添える。

つくねの表面に
焼き色をつけてから
たれを投入するの

煮込むように
たれをからめていくのよ

お酒って不思議よね
同じ量の
オレンジジュースだったら
飲めないわ

オススメビール

一番のヤツ!!

ココは誰？
私はどこ？
あまりにおいしすぎて
頭おかしく
なっちゃいそうね

デパ地下風ポテサラ

04

完成度の高さが自慢の一品。
なにしろデパ地下風！
電子レンジで作れるから、意外と簡単だし、
ベーコンを入れているので、
ビールにめちゃくちゃ合う！
ボリュームも満点で、おなかも大満足！

これだけでも十分おいしいけど
味変したいときは九州のさしみじょうゆを
騙されたと思ってかけてみなさい

🍴 材料

じゃがいも	3 個
にんじん	1 本
玉ねぎ	1 個
A	
マヨネーズ	大さじ 5
ブラックペッパー	小さじ 1
酢	大さじ 1
粒マスタード	大さじ 2
ベーコン（かたまり）	100g

レンジで温めた
じゃがいもは
簡単に手で
皮がむけるわよ

1 じゃがいもは洗って耐熱容器に入れ、ラップをして電子レンジ（500W）で 15 分加熱し、皮をむく。

2 にんじんはいちょう切りにし、玉ねぎは薄切りにして水にさらす。両方を耐熱皿に入れて電子レンジ（500W）で 10 分加熱する。

3 ボウルに **1** と **2** を入れてマッシュする。ある程度マッシュできたところで **A** を加えて混ぜる。

4 ベーコンは 1cm 厚さに切る。油をひいたフライパンで両面を焼いたあと、さらに 1cm 幅に切って **3** に加える。

ギャルとベーコンは
黒ければ黒いほど
いいわね

プシュッ…
世界で一番好きな音ね

オススメビール

一番のヤツ!!

みんな大好き
定番メニュー！

ハンバーグ

05

子どものころの夢「ハンバーグいっぱい食べたーい」と
大人の夢「ビールいっぱい飲みたーい」
これを両立することができるか…にチャレンジ！
ハンバーグはおいしすぎて石になるほどのウマさだし、
ビールは500ml缶をおかわりするハメになりました！

たねを作るとき
牛肉のみじん切りを加えると
粗挽きハンバーグになるわよ

材料

合い挽き肉	400g
玉ねぎ	1個
卵	1個

A

ナツメグ	少々
塩、こしょう	各少々
味噌	大さじ1
サラダ油	適量
水	1カップ

B

ケチャップ	大さじ2
ウスターソース	大さじ2
にんにくのすりおろし（市販品）	少々
レタス	適量
プチトマト	1個

1 玉ねぎをみじん切りにし、油をひいたフライパンで飴色になるまで炒める。

2 ボウルに挽き肉、卵、**A**を入れてこねる。**1**を加えてさらにこねる。楕円形のハンバーグ形に成形する。

3 フライパンに油を熱し、**2**のハンバーグを並べ入れる。焼き色がついたら裏返し、水を加えてふたをして蒸し焼きにする。

4 焼き上がったハンバーグは取り出し、**3**のフライパンには**B**を加えて煮詰め、ソースを作る。

5 ハンバーグを器に盛り、**4**のソースをかけてレタスのせん切りと4つ割りにしたプチトマトを添える。

いい感じに
焼き色がつくまで
焼いたら裏返すのよ

ハンバーグの
肉汁たっぷりのフライパンで
そのままソースを
作ることがポイント！

缶がデケえと
鳴る音もちげえなぁー！
うめぇ〜！！

オススメビール

一番のヤツ!! (500ml)

あまりおいしい食べものを作りすぎるなよ…？太るぞ

豚の角煮

06

いつもおいしいものは大量に作る主義！
豚の角煮は煮込むだけだから、
大量に作っておくと便利。
からしをつけて食べるのが王道ですが、
オススメの味変はきざみゆず！
これで食べると、もうビールが止まらない！

ゆで卵の殻は
流水にあてながらむくと
きれいにむけるわね

🍴 材料

豚ブロック肉	800g
大根	1/2 本
チンゲンサイ	1 株
卵	6 個
しょうがの薄切り	4 枚
長ねぎの青い部分	1 本分

A
しょうゆ	1 カップ
みりん	1 カップ
料理酒	1 カップ
砂糖	大さじ 3

白髪ねぎ	1/4 本分
からし	適量
きざみゆず（市販品）	適量

1. 豚ブロック肉はひと口大に切り、大根は皮をむいて半月切りにする。
2. 圧力鍋に湯を沸かし、1 の豚肉を15 分ほど下ゆでする。アクは取り除く。
3. 別の鍋に湯を沸かし、チンゲンサイを色よく塩ゆでする。同じ鍋で卵をゆでて殻をむく。
4. 2 の鍋に大根としょうがの薄切り、長ねぎの青い部分と A を加える。少し煮詰めたところでふたをして加圧し、20 分煮る。
5. 4 の加圧を解いたら 3 のゆで卵を加え、しばらく煮て器に盛る。白髪ねぎをのせ、3 のチンゲンサイ、からし、きざみゆずを添える。

チンゲンサイは
塩少々を加えた湯で
1 ～ 2 分ほどゆでてね

面倒くさいから、
チンゲンサイをゆでた鍋で
卵もゆでちゃお～ w

転生したあとの体も
お酒に強いといいわね

オススメビール

一番のヤツもいいけど…
銀色のヤツ!!

七味をかけたら
新しい扉が
開いちゃうわね

砂肝炒め

07

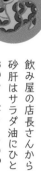

コリコリした食感がおいしすぎる砂肝。
かめばかむほど、ビールが止まらなくなるうまさ！
おいしいものを作れると、
モチベーションも上がって
次は何を作ろう！と腕が鳴ります。

飲み屋の店長さんから聞いたんだけど
砂肝はサラダ油にひと晩漬けておくと
おいしくなるらしいわ

🍴 材料

砂肝	200g
玉ねぎ	1個
にんにく	2片
長ねぎ	1/2本
サラダ油	適量
塩	少々
麺つゆ（市販品）	大さじ2
ゆずこしょう	適宜
七味唐辛子	適宜

1 砂肝はサラダ油にひと晩漬ける。

2 1をオーブントースターで10分焼く。

3 玉ねぎ、にんにくは薄切りにする。
　長ねぎは小口切りにする。

4 フライパンに油と3のにんにくを入れて火にかける。香りが立ってきたら玉ねぎを加えてさらに炒める。

5 2の砂肝を4に加え、塩を振って3の長ねぎの半量を加える。麺つゆを加えてさらに炒める。

6 器に盛って残りの長ねぎの小口切りをかけ、ゆずこしょうと七味唐辛子を添える。

彩りにもなるから
長ねぎは青いところまで
使ってね

困ったときの味つけには
やっぱり麺つゆよね〜♡

ビール止まらなすぎワロタ
…からのおかわり〜

オススメビール

一番のヤツ!!

おなかはすいてないけど
ウマい肴で一杯やりたい
そんな矛盾を抱えた欲求に！

豚ブロック肉のチャーシュー

08

自分の中でビールが止まらなすぎると
話題になった自家製焼豚。
自炊だからと、手を抜かないことが
ウマいビールを飲むには大切。
ビールのひと口目のウマさを
改めて感じることができます!

寝かせた豚肉は冷凍することもできるから
気が向いたときに
いつでも焼いて召し上がれ!

🍴 材料

豚ブロック肉 ························· 300g
長ねぎの青い部分 ············ 1 本分
A
　しょうゆ ··················· 1/2 カップ
　みりん ····················· 1/2 カップ
　料理酒 ····················· 1/2 カップ
　にんにくのすりおろし（市販品）
　·································· 大さじ 1
　しょうがのすりおろし（市販品）··· 大さじ 1
　ハチミツ ·················· 大さじ 1
赤唐辛子の輪切り················ 1 本分
八角 ······························ 1 個
長ねぎの小口切り················ 適量

1 豚肉は、長ねぎの青い部分と下ゆ
　でをする。
2 鍋に A を合わせて火にかけ、アル
　コール分が飛んだところで赤唐辛
　子と八角を加える。
3 1 を 2 に漬け込み、冷蔵庫で半日
　寝かせておく。
4 3 を 230℃のオーブンで 30 分焼く。
5 4 を切り分けて器に盛り、長ねぎ
　の小口切りをかける。

やだぁ♡おいしそぅ♡
食べちゃいたいくらーい!

つまみとして
長く楽しむためには
なるべく薄切りにするのがコツよ

この一杯のために
生きてるのよワタシ!

オススメビール

黒いラベルのヤツ!!

誰でも簡単!
炊飯器で
作れちゃう!!

ローストビーフ

09

ローストビーフは炊飯器があれば、
誰にでも作れるからぜひチャレンジを。
練りわさびをつけてもつけなくてもウマすぎるから、
肉とビールの無限ループが止まりません!
フランベするときは周囲に引火物がないか注意を!

ローストビーフをカットするときは
はやる気持ちを抑えて冷蔵庫で冷やしてから包丁を入れるの
そうするとキレイな薄切りにしやすいわよ

🍴 材料

牛ももブロック肉	400g
塩、こしょう	各少々
ドライバジル（市販品）	少々
サラダ油	適量

A

しょうがの薄切り	2枚
にんにくを潰したもの	2片分
しょうゆ	大さじ2
みりん	大さじ1
料理酒	大さじ1
練りわさび（市販品）	適量

フランベで
アルコール分を
飛ばすのよ

保存袋は
耐熱性のあるものを
使ってね

1 牛ブロック肉に塩、こしょう、ドライ
　バジルを振って下味をつける。

2 フライパンに油を熱し、1の両面を
　こんがり焼いたらアルミホイルに包
　んで休ませる。

3 小さめのフライパンにAを入れてフ
　ランベし、たれを作る。

4 2をアルミホイルから取り出して、3
　とともにジッパーつき保存袋に入れる。

5 保温状態にした炊飯器に湯をはり、
　4を入れてふたをし、40分おく。

6 5からジッパーつき保存袋を取り出
　す。中のローストビーフをスライスし
　て器に盛り、たれをかけて練りわさ
　びを添える。

ウマい!
ウマすぎてユニコーンに
なっちゃうわ

一番のヤツ!!

ビールが 進んで、おかわり必須！

優勝ん〜三冠王〜

よだれ鶏

10

昨日飲んでもウマかった！　今日飲んでもウマい！
そんなビールをさらにおいしくしてくれる、よだれ鶏
1本目の空き缶がマボロシに見えるくらいの勢いで
ビールが進むこと請け合い！

よだれ鶏のたれは
砂糖を気持ち多めにするのがコツ
コクがアップしておいしいわよ！

🍴 材料

鶏もも肉	1 枚
サラダ油	適量
料理酒	1/2 カップ
赤唐辛子	1 本
にんにく	3 片

A

ごま油	小さじ 2
しょうゆ	大さじ 2
料理酒	大さじ 2
砂糖	大さじ 1
花椒	少々
片栗粉	適量
長ねぎの小口切り	適量

1 フライパンにサラダ油を熱し、鶏もも肉を皮目から焼く。焼き目がついたところで裏返し、料理酒を入れてふたをし、蒸し焼きにする。

2 1が焼き上がったら、アルミホイルに包んで休ませる。

3 赤唐辛子は輪切りに、にんにくは潰してみじん切りにする。

4 1の鶏もも肉を焼いたフライパンにAと3を入れて火にかけ、アルコール分が飛んだら花椒と片栗粉を加えてたれを作る。

5 2の鶏もも肉を食べやすい大きさに切って器に盛り、長ねぎの小口切りと4のたれをかける。

アルミホイルに包んで
休ませると
切ったときに
肉汁が流れ出さないのよ

一枚肉を切るときは、
包丁を斜めに入れると
切りやすいわよ

ウマい！
ウマすぎてペガサスに
なっちゃったわね

オススメビール

一番のヤツ!!

何か食べたいけど
何していいか
わからないとき、
まずは煮込み料理よ

手羽元の煮込み

11

この手羽元の柔らかさは、
自分の中で話題になったほど！
シンプルな味つけがビールにぴったりです。
ビールが止まらないので
明日は仕事で朝が早い…
という方は作らないほうがいいかも！？

調味料を計らずに
目分量で作るときは、味見が大切
味に違和感がなければOKよ！

🍴 材料

鶏肉手羽元	600g
大根	1/2 本
しょうがの薄切り	3 枚
長ねぎの青い部分	1 本分

A
水	1/2 カップ
しょうゆ	大さじ 4
みりん	大さじ 3
料理酒	大さじ 3
砂糖	大さじ 2
八角	1 個
長ねぎの小口切り	適量

1 大根は皮をむいて輪切りにする。
2 圧力鍋に手羽元、1の大根、しょうがの薄切り、長ねぎの青い部分を入れ、Aを加えて火にかける。
3 2が煮立ったらアクを除き、ふたをして加圧し、10分煮る。
4 3の圧力を解いて器に盛り、長ねぎの小口切りをかける。

しょうがスライスを
3枚加えて
攻撃力をアップ
させるのよ

加圧する前に
アクを取り除くのよ

シンプルな料理には
一番のヤツが
イチバンなのぉ〜

オススメビール

一番のヤツ!!

自宅で優勝
オタクに推奨

すき焼き

12

お肉の旨みとともに上品な脂が口の中にあふれ出して
お酒を求める気持ちが止まらなくなる、すき焼き。
すき焼きのたれがなくても作れるので、
お肉が手に入ったら、ぜひ試してみてください！

すき焼きのたれがなかったら
調味料四天王をブチ込めば
だいたい同じ味になるわね

🍴 材料

牛肉（すき焼き用）	200g
牛脂	適量
長ねぎ	1本
えのきだけ	1袋
豆腐（木綿）	1/2丁
すき焼きのたれ（市販品）	1カップ
卵	2個

1 長ねぎは白い部分は白髪ねぎに、その他は5cm長さの斜め切りにする。えのきは石づきを落とす。豆腐は水切りをして食べやすい大きさに切る。

2 フライパンを火にかけ、牛脂を熱する。牛脂が溶けてきたら1の斜め切りの長ねぎ、豆腐を入れ、軽く炒めたら奥に寄せて手前をあける。

3 2のフライパンのあいたところに牛肉の1/3量を入れ、色よく焼く。焼けたら奥に寄せて手前をあける。

4 3のフライパンのあいたところからすき焼きのたれを加える。1のえのきと残りの肉を入れ、1の白髪ねぎをのせてひと煮立ちさせる。

5 溶き卵をつけて食べる。

すき焼き用のお肉を買ったら
牛脂を忘れずに
もらってくるのよ

牛肉の一部は
旨みを出すために
たれを入れる前に焼くのよ

北海道で
ファンの方からいただいた
思い出のビール
めちゃくちゃうれしかったです

オススメビール

北海道のヤツ!!

手軽に優勝したいあなたに
目分量調理のススメ

レシピではわかりやすく分量をお伝えしていますが、
いつもは目分量で作ります。厳密にこだわる必要はナシ！

調味料が入る
分量を把握する

じょぼっ。＝ 大さじ1

ペットボトルタイプのしょうゆやみりん、真下に向けてぽこっと1回空気が入って「じょぼっ」と出る分量が大さじ1くらい（だと思っています）。じょぼじょぼと入れず、じょぼっ、じょぼっと分量を把握しながら投入しましょう。

基本は 1：1：1：1

1 ： 1：1：1

調味料の四天王しょうゆ、料理酒、みりん、ハチミツの分量の基本は1：1：1：1。ここからそれぞれの料理の味に合わせて、しょっぱくしたいならしょうゆを、甘みが欲しいならハチミツを足すなど調整します。甘みは砂糖でもOK。

味見をしよう

自分の好みの味つけをするためにも、味見は重要！　濃くなったと思ったら水で薄めればOKです。甘みに関しては、自分の思うより少し多めに入れるとおいしくなりますよ。

数をこなそう

料理は数をこなせば、何をどれくらい入れるといいか感覚がつかめます。少し味が濃くなってもその分、ビールや白米が進む！と思って、何度も作ってみることが大切！　自分好みの味を見つけましょう。

休肝日は
がっつり食べて、
ソフドリで優勝！

連日連夜の優勝で疲れた
肝臓のためにもたまには休肝日が必要
そんな日も、ウマい料理を作って
ソフトドリンクで優勝しよう！

BEERMESHI
Part.4

白米いっぱい
食べられるわよ
ぽっちゃり系
バンザーイ!!

煮豚

01

煮豚にも白髪ねぎ添えてますが、
マジメな話、切れ味のいい包丁で
白髪ねぎ刻んでるときが一番心休まる気がします。
煮豚はからしで味変するのがオススメ！

ローストビーフと違って
煮豚は厚切りにして
ほおばってごらんなさい

材料

豚肩ロース肉	400g
サラダ油	大さじ1

A

水	1カップ
しょうが	1片
にんにく	3片
長ねぎの青い部分	1本分

B

しょうゆ	大さじ4
別の種類のしょうゆ	大さじ4
みりん	大さじ4
料理酒	大さじ4
ハチミツ	大さじ2
旨み調味料	少々
にんにくのすりおろし（市販品）	大さじ1
しょうがのすりおろし（市販品）	大さじ1
赤唐辛子	1本
白髪ねぎ	適量
からし	適量

1 しょうがは皮のまま薄切りに、にんにくは包丁でつぶす。

2 圧力鍋に油を熱し、豚肉を焼く。豚肉の色が変わったら、Aを入れ、ふたをして圧力をかけて15分煮る。

3 鍋にBを合わせ、火にかけてよく混ぜ合わせ、漬けだれを作る。

4 2の加熱が終わったら豚肉を取り出し、3とともにジッパーつき保存袋に入れて冷蔵庫で1時間ほどおく。

5 4を薄切りにして器に盛り、白髪ねぎをのせてからしを添え、3の漬けだれをかける。

しょうゆは2種類
使ったほうがいいらしいわよ
理由は知らないけどね〜w

さてご開帳
やだ、おいしそう〜♡

まさに、ウマすぎて
ウマになったわ
食べてるのは
ブタなんですけどね〜♡

オススメソフドリ

麦茶!!

ハンバーガーは
デカけりゃデカいほど
ウマいって
誰かが言ってたわね

手作りハンバーガー

02

大きいハンバーガー、
どこからどうやって食べようか悩むのも醍醐味です！
オススメは、頭カラッポにしてかぶりつく！！！！

計算されてないうずたかいハンバーガー…
おうちで食べるときあるあるよねぇ
崩れて食べにくいなら
竹串刺しちゃえば無問題よ

材料

合い挽き肉	400g
玉ねぎのみじん切り	1個分
パン粉	大さじ3
牛乳	大さじ3

A

ナツメグ	少々
ブラックペッパー	少々
チリパウダー	少々
うずら卵	1個
味噌	大さじ1
サラダ油	適量
ハンバーガー用パン	2個
マヨネーズ、ケチャップ、からし	各適量
レタス	適量
トマト	適量
揚げないフライドポテト（p.12）	適宜

1 パン粉をボウルに入れ、牛乳でしめらせたら、挽き肉、玉ねぎのみじん切り、**A**を加えてよくこねる。

2 **1**を4等分し、円形に成形する。

3 フライパンに油を熱し、**2**を並べる。焼き色がついたら裏返してふたをし、蒸し焼きにする。

4 パンは半分に切ってオーブントースターで焼く。マヨネーズとケチャップ、からしを混ぜてソースを作る。

5 レタスは食べやすい大きさにちぎり、トマトは輪切りにする。

6 下から、パン、レタス、**3**のハンバーグ、トマト、ハンバーグ、パンの順に盛りつけ、**4**のソース、あれば揚げないフライドポテトを添える。

フライパンに
ハンバーグ4つ並べると
何かの儀式みたいね

焼き色がついたら
裏返して
ふたをするのよ

ハンバーガーとコーラ
最強のタッグね

オススメソフドリ

シュワシュワのヤツ!!

大盛り無料を
断れる確率は
0％よ！

チキン南蛮

03

ご飯のおかわり、大盛りなしには語れないチキン南蛮。
チキン南蛮で白米食べる幸せは何ものにも代えがたい！
これが自炊できたら最高です。
ぽっちゃり系バンザーイ!!

タルタルソースを作るときは
玉ねぎの水分をきちんときること！
シャバシャバになっちゃうわよ

材料

鶏もも肉	1枚
塩、こしょう	各少々
溶き卵	1個分
薄力粉	適量

A
しょうゆ	大さじ2
みりん	大さじ2
酢	大さじ2
ハチミツ	大さじ1

B
ゆで卵の薄切り	2個分
玉ねぎのみじん切り	1/2個分
マヨネーズ	大さじ2
ハチミツ	大さじ1
酢	大さじ1

揚げ油	適量
キャベツのせん切り	適量

1 鶏もも肉はキッチンペーパーで水気をとり、塩、こしょうを振る。溶き卵をかけ、さらに薄力粉をかけて全体をなじませる。

2 小さめのフライパンなどにAを入れて火にかけ、甘酢を作る。

3 フライパンに1cm高さくらいまで揚げ油を熱し、1の鶏もも肉を揚げ焼きにする。表面がこんがり焼けたら2の甘酢に入れ、漬け込む。

4 Bを混ぜ合わせてタルタルソースを作る。

5 3を器に盛り、キャベツのせん切りと4のタルタルソースを添える。

表面がこんがり焼けた
一枚肉を
甘酢に漬け込むの

私、エリートデブだから
タルタルソースは
たっぷり作るの

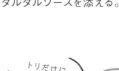

トリだけに
とりあえず飲茶
禁術になるのも
納得のウマさ

オススメソフドリ

麦茶!!

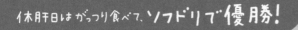

野菜が余ったら
何でも煮込み料理に
すれば万事解決なの！！

タンシチュー

04

すべての食材の旨みが溶け込んだタンシチュー。
ウマくないわけがない！
思わずおかわりしちゃいました。
おかわりの盛りつけが雑になりがちなのは、
誰もが経験する自炊あるある！

お肉を焼いたフライパンの旨みは
赤ワインでこそげ取って
鍋の中に投入するのよ

🍴 材料

牛タンスライス	12 枚（500g）
塩、こしょう	各少々
薄力粉	少々
にんじん	1 本
じゃがいも	2 個
玉ねぎ	1 個
マッシュルーム	3 個
バター	20g
水	1/2 カップ
赤ワイン	1/2 カップ
ローリエ	1 枚
デミグラスソース缶	1 缶
トマトソース缶	1 缶
ウスターソース	大さじ 2
ご飯	食べたいだけ
ドライパセリ（市販品）	適量

牛タンと玉ねぎは
お鍋とフライパンの
同時進行で炒めるのよ

1 牛タンは余分な水分をキッチンペーパーで拭き取って塩、こしょう、薄力粉を振る。

2 玉ねぎはくし形切り、にんじんとじゃがいもは皮をむいて乱切り、マッシュルームは石づきを落として薄切りにする。

3 フライパンにバターを熱し、**1** の牛タンを両面焼き色がつくまで焼く。

4 圧力鍋にバターを熱し、**2** の玉ねぎを炒め、**3** の牛タンを入れる。

5 **3** のフライパンに水と赤ワインを入れて肉汁と合わせ、**4** の鍋に入れる。

6 **5** の鍋に **2** のにんじん、じゃがいも、マッシュルームを入れ、ローリエを加える。ふたをして圧力をかけ、15分ほど煮込む。

7 **6** のふたを取ったら、デミグラスソース缶、トマト缶、ウスターソースを加え、10 分ほど煮て器に盛る。ドライパセリを振ったご飯を添える。

しってるか？
たべものは
たべるとなくなる

オススメソフドリ

麦茶もいいけど…
烏龍茶 !!

小学校のころ
坂道を下った
自転車のように
止まらない！

ピーマンの肉詰め

05

自分で作ったピーマンの肉詰め、
白米をほおばるのもよし。
お酒のおつまみにするのもよし。

ピーマンにお肉を詰める前と後に
薄力粉を振ると、ピーマンから
お肉がはがれにくくなるわよ

🍴 材料

ピーマン	4 個
合い挽き肉	300g
玉ねぎのみじん切り	1 個分
パン粉	大さじ 3
牛乳	大さじ 3

A

ナツメグ	少々
ブラックペッパー	少々
チリパウダー	少々
うずら卵	1 個
味噌	大さじ 1
薄力粉	適量
サラダ油	適量

B

しょうゆ	大さじ 2
みりん	大さじ 3
料理酒	大さじ 3
ハチミツ	大さじ 1
白髪ねぎ	適量

1 ピーマンは半分に切ってヘタとワタ
を取る。

2 パン粉をボウルに入れ、牛乳でしめ
らせたら、挽き肉、玉ねぎのみじん
切り、**A** を加えてよくこねる。

3 1 のピーマンに薄力粉を振り、2 を
詰めてさらに薄力粉を振る。

4 フライパンに油を熱して、肉のほう
を下にして 3 を並べる。焼き色が
ついたらひっくり返す。

5 4 に **B** を加えてふたをし、蒸し焼き
にする。

6 5 を器に盛り、白髪ねぎをのせて 5
に残ったたれをかける。

ハンバーグ系のお肉は
ふたをして
蒸し焼きにするのが基本よ!

大切なのは
最後までおいしく食べる
ド根性

オススメソフドリ
麦茶!!

豚のしょうが焼き

かつてママに作って
もらった料理を
自分で作るという
達成感と喜び

06

好きなバンドの話になったときの私くらい、
白米止まらなすぎのしょうが焼き。
キャベツのせん切りを巻いて口に放り込んで白米で追撃！
エリートデブなんで、マヨネーズも忘れません！

キャベツのせん切りをするときは
通った繊維に対して垂直に切ると
さらにおいしくなる気がするわよ
理由は知らないけどね～！

🍴 材料

豚ロース肉	300g
玉ねぎ	1/2 個
A	
├ しょうゆ	大さじ3
├ みりん	大さじ3
├ 料理酒	大さじ3
└ しょうがのすりおろし（市販品）	大さじ2
サラダ油	適量
キャベツのせん切り	適量
マヨネーズ	適量

1 玉ねぎは薄切りにする。

2 フライパンに油を熱し、豚ロース肉
を焼く。色が変わったら裏返して **A**
を加え、さらに **1** の玉ねぎも加えて
炒める。

3 器に盛ってキャベツのせん切りとマ
ヨネーズを添える。

フライパンに
肉と調味料を
ブチ込んで炒めるだけ！

簡単だから
味噌汁（p.134～）を
添えるのもオススメよ

氷キンキンに入れた
麦茶が、カラスに
私の喉はもうカラカラ…
パキパキ割れる音と…
米もキンキンに入れた

オススメソフドリ

麦茶!!

これマジで
流行らせたいんだけど
豚キムチに卵黄って
最高よ？

07

豚キムチ

おつまみにもおかずにも
ぴったりな一品！
オイスターソースを入れることで
味に深みが増す…気がします…。

お肉はあえて豚しゃぶ用のものを使うの
お肉は大きければ大きいほどうれしいからね！
大きいお肉がうれしかったあのころは
常に心の中にあるの！

🍴 材料

豚肉（しゃぶしゃぶ用）	300g
キムチ	200g
玉ねぎ	1/2 個
にんにく	3 片
ごま油	適量
オイスターソース	大さじ 1
豆板醤（とうばんじゃん）	小さじ 1
長ねぎの小口切り	適量
卵黄	1 個分

1　玉ねぎは薄切り、にんにくは潰してみじん切りにする。

2　フライパンにごま油をひいて **1** のにんにくを入れ、火にかける。

3　**2** の香りが立ったところで **1** の玉ねぎと豚肉、キムチを加えて炒める。

4　**3** にオイスターソースと豆板醤を加えて混ぜ、器に盛る。長ねぎの小口切りをかけ、卵黄をのせる。

まずはにんにくの香りを
ごま油に移すところから
スタートよ

お肉は豚しゃぶ用だから
切らずにそのまま
入れるのよ

ビール飲みたい♡
けど、烏龍茶を
イッキッキ
やだ♡

オススメソフドリ

烏龍茶!!

ホイル焼きは
オーブントースターに
入れるだけで
完成するから最高よ！

サーモンのホイル焼き

08

オーブンで焼いた焦げたマヨネーズと
七味の辛み、そしてサーモンの旨みは最高の組み合わせ！
サケでご飯をほおばったあと
お味噌汁（p.134 〜）で一旦休憩。
食事も音楽も休符が大事なんですよ！

焦げマヨネーズも最高だけど
シンプルにバターじょうゆもおすすめ
どちらを選ぶかはアナタ次第…！

🍴 材料

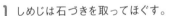

サーモン（切り身）……………………1 切れ
しめじ……………………………………1/2 株
A
｜塩、こしょう……………………各少々
｜料理酒……………………………大さじ 2
マヨネーズ……………………………適量
七味唐辛子……………………………適量

1 しめじは石づきを取ってほぐす。
2 アルミホイルの 4 辺を折り上げて長
方形にし、サーモンの切り身をおき、
1 のしめじをのせる。
3 2 に A を加え、マヨネーズをかける。
アルミホイルの口を閉じてオーブン
トースターで 6 〜 7 分加熱する。
4 焼き上がったらアルミホイルごと器
に盛り、七味唐辛子を添える。

調味料がこぼれないように
アルミホイルの縁を
折り上げるのよ

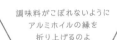

焼く前には
しっかりと包み込んでね

キンキンに冷えた
ポットの麦茶は
最高よ？

オススメソフドリ

麦茶 !!

老若男女、
みんなが
大好きな料理ね

照り焼きチキン

09

鶏肉は全体にまんべんなく
火が通るように厚さを一定に
トリミングすること（鶏だけにね）

照り焼きチキン with キャベツのせん切り…。
甘辛い味つけのジューシーな
鶏もも肉をほおばったら
キャベツのせん切りでさっぱりして、
白米で追撃！！
これはもう最強の組み合わせやぁ〜！

🍴 材料

鶏もも肉	1枚
片栗粉	適量
サラダ油	適量
A	
しょうゆ	大さじ2
みりん	大さじ2
料理酒	大さじ2
ハチミツ	大さじ1
キャベツのせん切り	適量
焼きのり	適量
マヨネーズ	適量

包丁を寝かせ
そぐようにして
鶏肉の厚みを均等にね

1 鶏肉は、中央に厚さ1/2ほどの切り込みを入れ、その切り込みから包丁でそぐように左右を切り開いて厚みを均等にする。片栗粉をまぶす。

2 フライパンに油を熱し、1を焼く。焼き目がついたら裏返す。

3 両面に焼き目がついたら、余分な油をキッチンペーパーで拭き取り、Aを加える。調味料の水分が飛んで鶏肉とからまったら火を止める。

4 器に盛ってキャベツのせん切りを添え、ちぎった焼きのりとマヨネーズをかける。

鶏肉だけど、
キツネ色になったら
ひっくり返すのよ

家で飲むのは麦茶
外で買うのは
ほうじ茶

オススメソフドリ
麦茶！！

26歳のときにはじめて、
肉は値段より
部位にこだわって
買ったほうがよいと
学んだわ

牛タンのねぎ塩焼き

10

味つきの牛タンは、
焼くだけでもおいしいんですが、
ねぎ塩だれを作って味変すれば、
白米がいくらでも食べられるウマさに！
ビールに合うと思っていた牛タンが、
これほど白米に合うのは驚き！

火を通しすぎると固くなっちゃうわ
片面強火で1分弱火で30秒ッ！

🍴 材料

牛タン味つきスライス（市販品）‥‥‥500g
長ねぎ‥‥‥‥‥‥‥‥‥‥‥‥‥‥1/2 本
A
　にんにくすりおろし（市販品）‥‥大さじ 1
　レモン汁‥‥‥‥‥‥‥‥‥‥‥‥大さじ 2
　ごま油‥‥‥‥‥‥‥‥‥‥‥‥‥大さじ 2
　鶏ガラスープの素‥‥‥‥‥‥‥‥小さじ 2
　塩、こしょう‥‥‥‥‥‥‥‥‥‥各少々
　旨み調味料‥‥‥‥‥‥‥‥‥‥‥‥少々
ごま油‥‥‥‥‥‥‥‥‥‥‥‥‥‥‥適量
ブラックペッパー‥‥‥‥‥‥‥‥‥‥適量

1 長ねぎはみじん切りにしてボウルに入れ、**A** を加えてねぎ塩だれを作る。

2 フライパンにごま油を熱し、牛タンスライスを入れる。途中ブラックペッパーを振り、両面好みの焼き加減で焼く。

3 器に盛って **1** を添える。

切るようにかき混ぜて
ねぎ塩だれを作るのよ

焼き加減は完全に感覚ね
ブラックペッパーを
振るのがポイントよ

本日休肝日
お飲み物は
こちらでやっていくわ

オススメソフドリ

銀色のヤツ!!
（ノンアルコール）

炒飯 チャーハン

あなたは
これを食べる手を
止めることが
できるかしら…？

11

ラーメン屋さんでおいしそうな焼豚を買ったから
それを使った炒飯で優勝！
角切りにして炒飯に入れるだけではなく、
厚切りにして添えてみました。
もう、ヤバすぎてバスになりそうなおいしさ！
おいしい焼豚が手に入ったら、ぜひお試しを！

最初に厚切りの焼豚を焼くと
溶け出した脂身が
ラードの代わりになるから
油をひかなくていいしオススメよ

🍴 材料

ご飯	茶碗2杯分
長ねぎ	1本
にんにく	2片
焼豚	150g
しょうがのすりおろし（市販品）	大さじ1
卵	1個
塩、こしょう	各少々
しょうゆ	大さじ1
旨み調味料	少々

1 長ねぎは根のほうの半分はみじん切りに、葉のほうは小口切りにする。にんにくは潰してみじん切りにする。

2 1の長ねぎとにんにくのみじん切りを合わせ、しょうがのすりおろしを加える。

3 卵を溶いてご飯と混ぜ合わせ、卵かけご飯の状態にする。

4 焼豚は1.5cm厚さに4枚ほど切り分け、残りは1.5cm角に切る。

5 フライパンに4の厚切りの焼豚を並べ入れて焼く。両面に焼き色がついたら取り出す。

6 5のフライパンで2を炒め、3のご飯を加える。塩、こしょうをしてさらに炒める。

7 6の全体をフライパンの奥に寄せ、あいたところからしょうゆを加える。しょうゆの香りが立ったところで全体を混ぜ、4の角切りの焼豚を加える。旨み調味料を振り入れて味を調え、1の長ねぎの小口切りを加えて炒め合わせる。

8 7を茶碗などに入れ、皿の上にひっくり返すように盛る。

普通のフライパンと
普通の火力で
パラパラに仕上げたかったら
卵かけご飯状態のものを
入れるのがオススメよ

食べたら
おいしさのあまり
爆発しそうね www

オススメソフドリ

烏龍茶！！

混ぜる！煮る！焼く！終わり！

シーフードドリア

12

冷蔵庫に余りものしかないけど、
ちょっとオシャレなもの作りたいとき、
コレで決まりでしょ！

クラムチャウダー、余っちゃったら冷凍庫へ
いろいろなお料理のアレンジに使えるわ

 材料

クラムチャウダー缶	1缶
バター	10g
シーフードミックス（冷凍）	200g
ご飯	食べたいだけ
ピザ用チーズ	適量
パン粉	適量
ドライパセリ（市販品）	適量

1 小鍋にバターを熱し、クラムチャウ
ダー缶と同量の水（分量外）を入
れてよくかき混ぜる。

2 1にシーフードミックスを加え、少し
煮詰める。

3 耐熱皿にバター（分量外）を塗っ
てご飯を盛り、上から2をかける。

4 3にピザ用チーズとパン粉をかけ、
230℃のオーブンで10分焼く。焼
き上がったらドライパセリを振る。

空になった
クラムチャウダー缶で
水を計るといいわね

パン粉は一番上からかけて
焦げ目を作るのよ

アッツアツの
シーフードドリアに
キッンキンの麦茶…
天国…

オススメソフドリ

麦茶!!

焼きカレー

カレーを作って3日目でなくならないなら、焼いてみる？

13

おいしいカレーも3日続くと飽きてくるもの。
そんなときにオススメのアレンジレシピがこれ！
カレーの安定したおいしさはそのままに、
チーズとカレーが混じり合った旨みに、
香ばしさが加わった、焼きカレーのおいしさをぜひ！

作りおきできるメニューは
アレンジレシピを
いくつか知っておくといいわね

🍴材料

カレールー（p.66）	食べたいだけ
バター	適量
ご飯	食べたいだけ
ピザ用チーズ	適量
パン粉	適量
ドライバジル（市販品）	適量

1 耐熱皿にバターを塗り、ご飯を盛ってカレーをかける。

2 1にピザ用チーズとパン粉をかけ、オーブントースターで焼き色がつくまで焼く。

3 焼き上がったらドライバジルをかける。

チーズ用のピザ
じゃなくて
ピザ用のチーズを
どっさりかけると
いいわよ

焼き上がりの香ばしさを
左右するのがパン粉
最後に振りかけるのを
忘れないで

冷えた麦茶は
日本人の心……！
わびさび……
略して……ワサビッ！

オススメソフドリ

麦茶!!

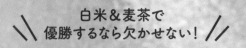

味噌汁 5 選

01

体調しんどければ
しんどいほど
おいしいわ…

つみれの味噌汁

つみれからほんのり香るゆずの香りがたまらない、
やさしすぎるおいしさは、二日酔いにピッタリ!
つみれをポン酢につけて食べる、味変もオススメです
つみれの作り方は「豚挽き肉のしそ巻き（p.72）」の
たねと同じ…というか、
余ったたねを丸めて冷蔵していたものを使いました。

つみれでボリュームを出して、
単品で麦茶と優勝できるお味噌汁だから
味噌の量は少し少なめがいいわね

🍴 材料（4杯分）

つみれ（p.72）	16個
長ねぎ	1本
だしの素	大さじ1
味噌	大さじ2
ポン酢	適宜

1 つみれは「豚挽き肉のしそ巻き」
の 1 〜 2 を参照してたねを作り、
丸める。

2 長ねぎは斜め薄切りにする。

3 鍋に湯を沸かしてだしの素を入れ、
1 のつみれを入れる。沸騰したらア
クを取る。

4 つみれが浮いてきたら 2 の長ねぎを
加えて火を止め、味噌を溶く。

5 器に盛って、好みでポン酢を添える。

私の中のアクも
取り除かれないかしら…

つみれがブカブカ
浮かんできたら
長ねぎを入れるのよ

さっぱりしすぎて
パリになったわね

オススメソフドリ

麦茶!!

02

エビ料理で
優勝した翌朝は
殻でだしをとった
味噌汁でまた優勝
きれいな二連覇を
決めてね!

エビの味噌汁

03

お、お母さん…!?

なめこの味噌汁

04

慌てふためく食欲の
呼吸を鎮めてくれる
やさしい味わい

大根の味噌汁

05

この味噌汁だけで
丼一杯食べられちゃうわね

サバ缶の味噌汁

主役が引き立つのは
優秀な脇役がいるからです
最高の汁物で最高の優勝を！

02 エビの味噌汁

🍴 材料

溶き卵を入れても
おいしいわよ

エビの殻 ·················· 10 〜 20 尾分
※ガーリックシュリンプ（p.48）、エビチリ（p.58）を
作ったときに出たものなど
長ねぎ ····························· 1/2 本
豆腐（絹）·························· 1/2 丁
味噌 ······························· 大さじ 2

1 長ねぎは斜め薄切りに、豆腐はさいころ状に切る。
2 エビの殻をフライパンで赤くなるまで空炒りする。
3 鍋に 2 と水を入れて火にかけ、煮立ったら殻を取り出す。
4 3 に 1 の長ねぎと豆腐を加えて火にかける。沸騰したら火を止め、味噌を溶く。

03 なめこの味噌汁

🍴 材料

なめこ（水煮）······················ 1 袋
豆腐（絹）·························· 1/2 丁
長ねぎ ····························· 1/2 本
味噌 ······························· 大さじ 2
だしの素 ··························· 小さじ 1

1 なめこは流水で洗う。豆腐はさいころ状に切る。長ねぎは斜め切りにする。
2 鍋に水を入れて火にかけ、1 を入れる。
3 2 が沸騰したら火を止め、だしの素を入れて味噌を溶く。

あんまり日持ちしないから、
早めに飲み終わってネ

04 大根の味噌汁

🍴 材料

大根 ······························· 1/6 本
味噌 ······························· 大さじ 2
だしの素 ··························· 小さじ 1

1 大根は皮をむいて細切りにする。透き通るくらいまで下ゆでして流水で洗い、アクを抜く。
2 鍋に湯を沸かして 1 を入れ、火が通ったら火を止めてだしの素を入れ、味噌を溶く。

05 サバ缶の味噌汁

🍴 材料

長ねぎ ····························· 1/2 本
サバの水煮缶······················· 1 缶
味噌 ······························· 大さじ 2
だしの素 ··························· 小さじ 1

1 長ねぎは小口切りにする。
2 鍋に水を入れて火にかけ、サバ缶を汁ごと入れる。
3 2 が沸騰したら火を止め、だしの素を入れて味噌を溶き、1 を加える。

連覇の秘密がここにある！
とっくんの冷蔵庫拝見！

うちの冷蔵庫はそんなに大きくないんですが、
ひとり暮らしあるあるで、スパイスがいっぱい詰まってます。

＼ 調味料はココ！ ／

キッチン棚

調味料四天王をはじめ、
大きめの調味料はキッチ
ン上の棚に入れています。

余った料理や多め
に切った野菜などを
保存容器に入れて
います。ゆずこしょ
うもココ！

買ってきた野菜や肉
などはココ！ 粒マ
スタードなど瓶詰も
入っています。

＼ 一番のヤツもズラリ！ ／

冷蔵庫

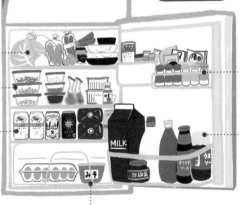

瓶入りのスパイスや
チューブタイプの調
味料がぎっしり！

一番のヤツ、銀色
のヤツ、黒ラベル
のヤツのほか、烏
龍茶など、飲み物
がこの段です。

本来野菜を入れると
ころですが、卵と味
噌の定位置になっ
ていますw

牛乳のほか、マヨ
ネーズやケチャップ
などの要冷蔵調味
料がココです。

食材別 INDEX

食べたいもので、今夜も優勝！

お肉で優勝！

牛肉

026　ステーキ
068　牛皿
074　牛テールスープ
098　ローストビーフ
104　すき焼き
114　タンシチュー
126　牛タンのねぎ塩焼き

豚肉

040　豚キムチミルフィーユ鍋
060　青椒肉絲 チンジャオロースー
064　回鍋肉 ホイコーロー
070　肉じゃが
092　豚の角煮
096　豚ブロック肉のチャーシュー
108　煮豚
118　豚のしょうが焼き
120　豚キムチ

鶏肉

046　タンドリーチキン
056　鶏むね肉のチャーシュー
066　カレーのルー
082　から揚げ
100　よだれ鶏
102　手羽元の煮込み
112　チキン南蛮
124　照り焼きチキン

挽き肉

050　焼きワンタン
052　皮なし大葉餃子
072　豚挽き肉のしそ焼き
086　つくねの焼き鳥
090　ハンバーグ
110　手作りハンバーガー
116　ピーマンの肉詰め
134　つみれの味噌汁

その他の肉、加工肉、モツ

024　ゴロゴロベーコンの
　　　ハニーマスタード
028　ジンギスカン
030　ハツ焼き
032　ワニ肉のソテー
038　モツ鍋
054　モツ煮込み
094　砂肝炒め

肉加工食品

018　冷凍餃子

魚介で優勝！

サーモン

122　サーモンのホイル焼き

エビ

048　ガーリックシュリンプ
058　エビチリ

136　エビの味噌汁

加工品
034　サバ水煮缶のしょうが炒め
084　明太だし巻き卵
137　サバ缶の味噌汁

070　肉じゃが
088　デパ地下風ポテサラ

きのこ
136　なめこの味噌汁

野菜で優勝！

キャベツ
014　やみつきキャベツ

きゅうり
016　叩ききゅうり

トマト
020　自家製サルサソースのナチョス

ピーマン
116　ピーマンの肉詰め

かぼちゃ
022　かぼちゃの素揚げの
　　　にんにくじゃこ和え

大根
137　大根の味噌汁

じゃがいも
012　揚げないフライドポテト
044　ジャーマンポテト

卵やお豆腐で優勝！

卵
036　味玉
084　明太だし巻き卵

豆腐
062　麻婆豆腐

ご飯・麺で優勝！

076　焼きそば
078　タコライス
128　炒飯　チャーハン
130　シーフードドリア
132　焼きカレー

おわりに

In the end

最後までご覧いただきありがとうございました。

いかがでしたか？ 「はじめに」の部分で申し上げたように「真似したく」なっていただけましたでしょうか？ もし実際に真似していただけたのであればとてもうれしいです。

実際、メニュー名を聞けば誰でも知っているような料理でも、どうやって作られているか知らない料理ってけっこうありますよね。私もひとり暮らしを始めたころはそんな瞬間がしばしばあり、好きな料理をいざ作ろうと思ったときに苦労したことを覚えております。そんなときに一番最初に思い浮かんだのが、自分に料理を作ってくれた人たちの存在です。自分で料理するということは、レシピ以上の何かを教えてくれると思います。

最後になりますが、何事も安価に済まそうと思えば済んでしまう時代に、本書を買ってくださったみなさまには心からの感謝を申し上げます。本当にありがとうございます。普段はハイテンションな編集と内容でお送りしている私ですが、こういうところだけ少し真面目なお話をしてみようと思いました。

ここまでおつき合いいただきありがとうございました。

STAFF

編集協力	川島彩生（スタジオポルト）
	若狭和明（スタジオポルト）
	櫻田浩子
デザイン	近藤みどり
撮影	よねくらりょう
	（p.16、p.32、p.36、p.50、p.56、p.122を除く）
フードスタイリング	木村遥
イラスト	茂苅恵
編集	伊藤瞳

手っ取り早くウマい酒が飲みたい!!

ビールめし

2020 年 7 月 16 日　初版発行
2023 年 8 月 25 日　4 版発行

著者	とっくん
発行者	山下直久
発行	株式会社 KADOKAWA
	〒 102-8177　東京都千代田区富士見 2-13-3
	電話 0570-002-301（ナビダイヤル）
印刷所	凸版印刷株式会社

○お問い合わせ
https://www.kadokawa.co.jp/（「お問い合わせ」へお進みください）
※内容によっては、お答えできない場合があります。
※サポートは日本国内のみとさせていただきます。
※ Japanese text only

定価はカバーに表示してあります。